다 알려줄게!

재미있는 어린이 과학 백과 100

가와무라 야스후미 · 고바야시 나오미 지음
김소영 옮김

바이킹

> 이 책을 읽는 친구들에게

신기한 과학의 세계로 탐험을 떠나요!

세상은 우리가 잘 알지 못하는 수수께끼로 가득합니다. 매일 아침 눈을 뜰 때부터 잠에 들 때까지, 심지어 잠에 빠져 있는 동안에도 신기하고 재미난 과학에 둘러싸여 있어요. 우리가 먹은 밥은 어떻게 똥으로 나오는지, 세면대나 샤워기에서 나오는 물은 어디에서 오는지, 왜 여름은 덥고 겨울은 추운지 궁금해 본 적이 있나요? 이처럼 작고 사소한 일에 호기심이 든다면 여러분은 과학의 세계를 탐험할 준비가 되었다는 신호랍니다.

'왜일까?', '왜 그럴까?' 생각하다 보면 계속해서 새로운 질문이 떠오를 거예요. 책을 쭉쭉 읽어 보세요. 재밌어 보이는 과학 질문만 쏙쏙 골라 읽어도 좋아요. 평소에 궁금해하던 호기심이 하나씩 해결될 거예요! 호기심을 하나씩 풀다 보면 과학에 더 흥미를 느끼고 재미를 붙일 수 있어요. 그럼, 수수께끼가 가득한 과학의 세계에서 자유롭게 뛰어놀아 봅시다!

가와무라 야스후미

보호자 여러분께

책은 아이들이 부모, 친구, 다양한 사람들, 세상과의 관계를 맺도록 도와줍니다. 부모가 아이에게 책을 읽어 주는 동안 책에 등장하는 사물이나 이야기를 주제로 말을 주고받으며 감정을 공유합니다. 이 과정을 통해 아이들은 부모와 정서적 유대를 깊게 다지고, 여러 가지 단어와 지식을 효과적으로 터득하지요.

《다 알려줄게! 재미있는 어린이 과학 백과 100》은 다채로운 일러스트로 아이가 눈앞에 없는 것을 쉽게 상상할 수 있도록 도와줍니다. 내 몸이 진화할 수 있다면? 만약에 꼬리가 생긴다면? 같은 과학 질문을 통해 유연한 상상력과 창의력을 기를 수 있지요.

과학 질문과 연계된 STEAM 과학 실험과 다양한 놀이 및 체험 활동은 아이들이 스스로 도전해 보고 싶다는 마음을 자극합니다. 과학의 세계로 모험을 떠날 계기를 만들어 주지요. 이처럼 아이는 상상하고 스스로 행동하면서 주변 환경에서 자극을 받고, 그로 얻는 지식을 듬뿍 흡수할 거예요. 책을 읽으며 스스로 깨우치는 경험이 아이의 성장에 꼭 필요한 '비인지 능력'을 길러 줄 겁니다. 아이와 함께 신기하고 재미있는 과학의 세계로 떠나 볼까요?

고바야시 나오미

차례

이 책을 읽는 친구들에게 … 2
보호자 여러분께 … 3
초등 과학 교과 연계 단원 … 9
이 책을 활용하는 법 … 10

 STEAM 과학 실험
? 알쏭달쏭 과학 퀴즈

1장 동물과 식물의 수수께끼

- Q 동물에게는 꼬리가 있는데 왜 사람에게는 없을까? … 12
- Q 동물도 사람처럼 웃을 수 있을까? … 16
- Q 고양이는 정말 뜨거운 음식을 못 먹을까? … 20
- Q 곤충에게도 귀가 있을까? … 22
- Q 캥거루는 얼마나 높이 뛸 수 있을까? … 24

내가 1등이야! … 26~29
- Q 몸이 제일 큰 동물은?   Q 키가 제일 큰 동물은?
- Q 몸이 제일 작은 동물은?   Q 제일 빠른 동물은?
- Q 제일 움직이지 않는 동물은?   Q 제일 오래 사는 동물은?
- Q 씹는 힘이 제일 센 동물은?   Q 악력이 제일 센 동물은?

- Q 얼룩말은 피부도 줄무늬일까? … 30
- Q 코끼리 코는 왜 길까? … 32
- Q 토끼 귀는 왜 길까?   Q 닭 볏은 왜 있을까? … 33
- Q 열대어의 색깔은 왜 화려할까? … 34
- Q 물고기도 잠을 잘까?   Q 오징어, 문어, 조개는 뼈가 있을까? … 36

- Q 꽃의 색깔은 왜 다양할까? … 38
- Q 꽃에서는 왜 좋은 향기가 날까? … 42
- Q 식물은 큰데 씨앗은 왜 작을까? … 46
- Q 나뭇잎은 왜 겨울에 많이 떨어질까? … 50
- Q 나무는 왜 커질까? … 52

2장 음식의 수수께끼

- Q 바나나에는 왜 검은 점들이 생길까? … 56
- Q 딸기에 박힌 알갱이들은 무엇일까? … 58
- Q 수박에 소금을 뿌리면 왜 달아질까? … 59
- Q 귤을 많이 먹으면 손이 노래진다는데 진짜일까? … 60
- Q 낫토는 왜 끈적끈적할까? … 62
- Q 떡을 구우면 부풀어 오르는 이유는 무엇일까? … 66
- Q 팝콘은 왜 부풀어 오를까? … 67
- Q 팬케이크는 왜 부풀어 오를까? … 68
- Q 양파를 썰면 왜 눈물이 날까? … 70
- Q 신 것을 보기만 해도 왜 침이 나올까? … 71
- Q 연근에는 왜 구멍이 뚫려 있을까? … 72
- Q 숙주나물은 왜 초록색이 아닌 흰색일까? … 72
- Q 우유를 데우면 왜 얇은 막이 생길까? … 76
- Q 버터와 마가린은 무엇이 다를까? … 80
- Q 왜 대체 식품이 있을까? … 81
- Q 전자레인지는 어떻게 음식을 데울까? … 84

- Q 인스턴트 라면은 어떻게 만들까? … 88
- Q 인스턴트 된장국이나 스프는 어떻게 만들까? … 90
- Q 통조림에 든 음식은 왜 상하지 않을까? … 92
- Q 음식을 상하지 않게 하는 다른 방법은? … 93

3장 우리 몸의 수수께끼

- Q 아기는 자그마한데 어른은 왜 클까? … 96
- Q 이는 왜 빠지고 다시 날까?   Q 키는 어떻게 자랄까? … 99
- Q 음식을 먹으면 왜 똥이 마려울까? … 100
- Q 배가 고프면 왜 꼬르륵 소리가 날까? … 104
- Q 트림은 왜 나올까? … 105
- Q 하품은 왜 나올까?   Q 하품을 하면 왜 눈물이 날까? … 106
- Q 딸꾹질은 왜 할까?   Q 땀은 왜 날까? … 107
- Q 찬 것을 먹으면 왜 머리가 띵할까? … 108
- Q 피는 몸속에서 무슨 일을 할까? … 110
- Q 눈은 어떻게 물체를 볼까? … 112
- Q 귀는 어떻게 소리를 들을까? … 116
- Q 귀 모양은 왜 사람마다 다를까? … 118
- Q 코는 어떻게 냄새를 맡을까? … 120
- Q 콧물은 어디에서 나올까? … 122
- Q 기쁠 때나 슬플 때 왜 눈물이 날까? … 124
- Q 사람이 말을 할 수 있게 된 이유는 무엇일까? … 126
- Q 사람이 글을 쓰고 읽을 수 있는 이유는 무엇일까? … 130

더 궁금해요! 우리 몸 … 134~136

- Q 사람의 뼈는 몇 개일까?
- Q 머리카락은 하루에 얼마나 자랄까?
- Q 밤에는 왜 졸릴까?

4장 지구와 우주의 수수께끼

- Q 구름은 어떻게 생길까? … 138
- Q 날씨는 어떻게 알 수 있을까? … 142
- Q 바닷물은 짠데 강물은 왜 짜지 않을까? … 144
- Q 보석에는 왜 여러 가지 색깔이 있을까? … 146
- Q 지진은 왜 일어날까? … 150
- Q 진도와 규모란 무엇일까? … 152
- Q 낮에는 해가 있지만 밤에는 왜 없을까? … 154
- Q 왜 여름에는 덥고 겨울에는 추울까? … 156
- Q 달이 매일 다른 모양으로 보이는 이유는 무엇일까? … 160
- Q 달이 없어지면 어떻게 될까? … 162
- Q 지구는 어떻게 만들어졌을까? … 166
- Q 태양계란 무엇일까? … 168
- Q 우주는 언제 생겼을까? … 170
- Q 우주에는 왜 공기가 없을까? … 172
- Q 인공위성은 무엇일까? … 176
- Q 인공위성은 어떻게 나는 걸까? … 178
- Q 우주 정거장에서는 어떻게 지낼까? … 180

5장 우리 주변의 수수께끼

- **Q** 크고 무거운 배는 어떻게 물에 뜰까? … 184
- **Q** 비행기는 크고 무거운데 어떻게 하늘을 날 수 있을까? … 188
- **Q** 집으로 전기가 어떻게 들어올까? … 192
- **Q** 전기란 무엇일까? … 194
- **Q** 새는 왜 전선에 앉아도 감전되지 않을까? … 195
- **Q** 수돗물은 어디에서 올까? … 196
- **Q** 스마트폰으로 무엇을 할 수 있을까? … 198
- **Q** 스마트폰으로 어떻게 대화를 할 수 있을까? … 201
- **Q** 교통 카드로 어떻게 전철을 탈 수 있을까? … 202
- **Q** 자기 부상 열차는 어떻게 붕 떠서 달릴까? … 204
- **Q** 핫팩은 왜 뜨거워질까? … 206
- **Q** 탱탱볼은 왜 땅에 닿으면 튀어 오를까? … 210
- **Q** 산에서 큰 소리로 외치면 왜 메아리쳐 들릴까? … 214
- **Q** 하루는 왜 24시간일까? … 218
- **Q** 2월 29일은 왜 4년에 한 번밖에 없을까? … 221

찾아보기 … 222

일러두기
- 이 책에서 소개하는 내용은 2023년 7월 시점의 내용입니다.
- 아이들이 이해하기 쉽도록 설명을 간결하게 줄이거나 여러 가지 설 중에서 하나만 소개하기도 했습니다.

초등 과학 교과 연계 단원

1장 동물과 식물의 수수께끼
- 3-2. 2단원 동물의 생활
- 4-1. 3단원 식물의 한살이
- 4-2. 1단원 식물의 생활
- 5-2. 2단원 생물과 환경
- 6-1. 4단원 식물의 구조와 기능

2장 음식의 수수께끼
- 3-2. 4단원 물질의 상태
- 4-2. 1단원 식물의 생활
- 4-2. 2단원 물의 상태 변화
- 5-1. 2단원 온도와 열
- 5-1. 5단원 다양한 생물과 우리 생활
- 5-2. 5단원 산과 염기
- 6-1. 3단원 여러 가지 기체
- 6-2. 4단원 우리 몸의 구조와 기능

3장 우리 몸의 수수께끼
- 3-2. 2단원 동물의 생활
- 3-2. 5단원 소리의 성질
- 4-2. 3단원 그림자와 거울
- 6-1. 3단원 여러 가지 기체
- 6-1. 5단원 빛과 렌즈
- 6-2. 4단원 우리 몸의 구조와 기능

4장 지구와 우주의 수수께끼
- 3-1. 5단원 지구의 모습
- 3-2. 3단원 지표의 변화
- 4-1. 2단원 지층과 화석
- 4-2. 2단원 물의 상태 변화
- 4-2. 3단원 그림자와 거울
- 4-2. 4단원 화산과 지진
- 4-2. 5단원 물의 여행
- 5-1. 2단원 온도와 열
- 5-1. 3단원 태양계와 별
- 5-2. 3단원 날씨와 우리 생활
- 5-2. 4단원 물체의 운동
- 6-1. 2단원 지구와 달의 운동
- 6-1. 5단원 빛과 렌즈
- 6-2. 2단원 계절의 변화
- 6-2. 4단원 우리 몸의 구조와 기능

5장 우리 주변의 수수께끼
- 3-1. 4단원 자석의 이용
- 3-2. 4단원 물질의 상태
- 3-2. 5단원 소리의 성질
- 4-2. 3단원 그림자와 거울
- 5-2. 4단원 물체의 운동
- 6-2. 1단원 전기의 이용
- 6-2. 5단원 에너지와 생활

이 책을 활용하는 법

왜 그럴까? 과학 질문
아이들이 가장 궁금해하는 과학 질문 100가지를 모았습니다.
캐릭터의 말풍선을 잘 살펴보세요. 아이들의 호기심을 자극하는 새로운 주제를 던져 줍니다.

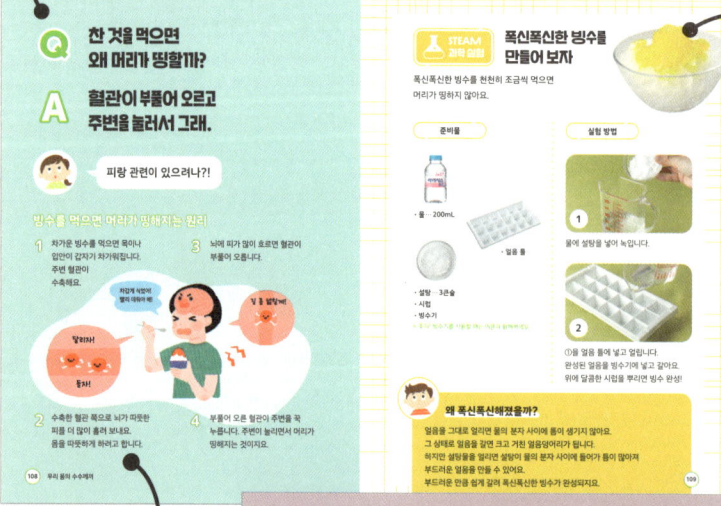

STEAM 과학 실험
알쏭달쏭 과학 퀴즈
폭신폭신한 빙수 만들기,
레몬즙으로 풍선 터뜨리기
같은 과학 실험으로 과학
사고력을 키워 보세요.
가위나 불을 사용하는
실험은 꼭 어른과 함께하세요.
알쏭달쏭 과학 퀴즈로
지식을 뽐내 보세요!

신기한 과학 이야기
과학 현상과 구조, 원리를
쉽게 풀어 설명합니다.
과학 개념어들을
'찾아보기'에서
쉽게 찾아볼 수 있어요.

해 보세요! 더 알고 싶어요!
주제와 관련된 더욱 신기하고
놀라운 과학 이야기를 다룹니다.
스스로 해 보는 간단한 체험 활동과
알아 두면 좋은 과학 지식을 알려 줍니다.

생각해 보세요!
미래의 나에게 편지를 쓴다면?
만약 우리 몸에 꼬리가 생긴다면?
몸이 진화한다면?
아이들의 상상력을 자극합니다.

동물과 식물의 수수께끼

동물과 식물은 우리 사람과 다른 점이 많아서 꽤나 흥미로워요.
아주 작은 씨앗이 나중에는 사람보다 훨씬 커지는 것처럼요.
자연에 어떤 수수께끼가 숨어 있을까요?
함께 알아봐요!

Q 동물에게는 꼬리가 있는데 왜 사람에게는 없을까?

A 두 발로 걸을 때 꼬리가 걸리적거렸기 때문이야.

꼬리 달린 동물은 아주 많지.

 꼬리는 사라져서 어디로 갔을까?

꼬리가 남아 있다?!

사람에게는 꼬리가 없습니다. 진화(▶ 32쪽)를 하면서 꼬리가 사라졌지요.
하지만 이 꼬리의 흔적이 엄마 배 속에 있을 때는 남아 있어요.

배 속의 아기에게는 있어요

아기는 엄마 배 속에서 자랍니다. 2개월까지는 몸 끝에 꼬리 같은 것이 달려 있어요.
세상 밖으로 나오기 전에 사라지지만 꼬리뼈는 남아 있어요.

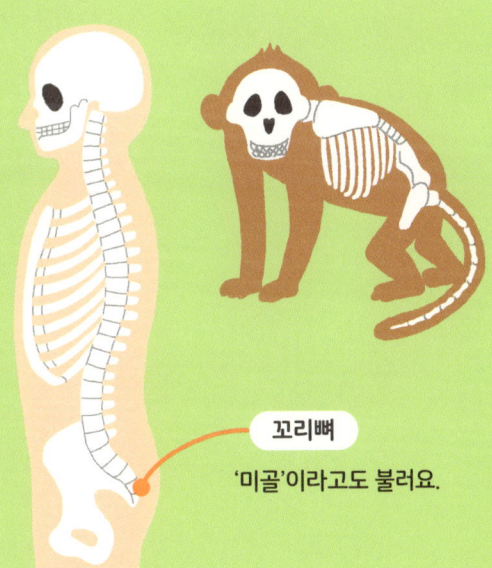

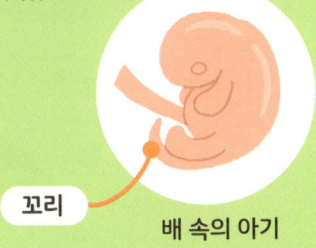

꼬리 — 배 속의 아기

꼬리뼈 — '미골'이라고도 불러요.

 아주 먼 옛날에 인류의 조상에게는 꼬리가 있었다는 증거구나.

두 발로 걸을 때 꼬리가 걸리적거렸다고요?!

아주 먼 옛날, 인류의 조상은 네 발로 나무를 타며 생활했어요. 땅으로 내려와 곧게 서서 두 발로 걸으며 생활했지요. 두 손을 자유롭게 쓸 수 있게 되자 꼬리는 필요가 없어져서 사라졌다고 추측합니다.

꼬리는 편리해!

동물의 머리에는 뇌가 들어 있어 무겁습니다. 네 발로 걸을 때는 머리와 꼬리로 균형을 잡으면 돼서 이동하기가 편해요. 꼬리로 물건을 집을 수도 있지요.

사족 보행

생각해 보세요!

만약 우리 몸에 꼬리가 생긴다면?

만약 꼬리가 생긴다면 어떤 것을 해 보고 싶나요?
꼬리로 물건 들기?
대롱대롱 매달려 보기?
꼬리로 이름 쓰기? 상상해 봐요.

두 손을 쓸 수 있다!

이족 보행

사람은 두 발로 똑바르게 서서 걸으면서 손이 자유로워졌어요. 덕분에 도구를 만들고 사용하게 되었습니다.

먼 곳이 보이다!

이족 보행

사족 보행을 하면 앞발을 땅에 내딛어야 해서 등을 구부려요. 반면 이족보행을 하면 곧게 서기 때문에 눈높이가 높아져요. 멀리 볼 수 있게 되었지요.

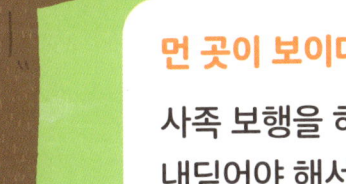

먼 곳까지 걷다!

이족 보행

사족 보행은 네 발에 에너지가 들어가요. 하지만 이족 보행은 두 발에만 에너지가 필요하기 때문에 사족 보행보다 덜 지쳤을 거예요.

 **동물도 사람처럼 웃을 수 있을까?**

 **사람과는 다르지만, 개는 기분이 좋으면 멍멍! 하고 짖어.**

사람처럼 '즐겁다', '슬프다'라는 말은 못하지만 몸으로 표현하는구나.

동물은 사람처럼 말은 못하지만, 감정을 표현하기 위해 짖거나 몸을 움직여 표현합니다.

개는 몸을 움직여 마음을 표현해요

말을 하지 못하는 개는 표정, 짖는 소리, 동작 등 온몸을 사용해서 마음을 전달합니다. 꼬리의 위치, 흔드는 정도에 따라 개가 어떤 마음을 표현하는지 추측할 수 있어요.

꼬리로 다양한 마음을 전해요!

무서워요.

꼬리를 다리 사이에 끼워요.

기뻐요. 너무 좋아요!

꼬리를 마구 흔들어요.

믿어요.

사람에게 배를 보여요.

나는 강해요! (위협)

꼬리를 곧게 뻗고 털을 곤두세워요.

침팬지나 고릴라는 웃어요!

침팬지나 고릴라는 놀다가 웃기도 합니다. 이때는 깔깔대고 웃는 게 아니라 '하하' 하며 웃습니다. 배, 목덜미를 손가락이나 입으로 간지럽힐 때, 술래잡기, 레슬링 등을 할 때 자주 웃어요.

 곤충은 어떨까?

냄새 또는 빛으로 의사소통을 해요

개미는 땅에 냄새를 묻혀서 먹이의 위치를 알립니다. 다른 개미 친구들이 그 냄새를 따라 행렬을 만들어 먹이가 있는 곳으로 이동합니다. 반딧불이는 몸에서 빛을 내서 의사소통을 합니다.

엉덩이에서 나온 냄새를 땅에 묻힌다.

몸에서 빛을 낸다.

알쏭달쏭 과학 퀴즈
동물의 먹이를 맞혀 보자! OX 퀴즈

1
판다는 고기도 먹어요.
O | X

2
사자는 살코기만 먹어요.
O | X

3
혹등고래는 큰 물고기를 먹어요.
O | X

4
해달은 조개만 먹어요.
O | X

5
코알라는 과일만 먹어요.
O | X

퀴즈 정답

1) O. 야생의 대왕판다는 물고기, 새도 먹어요.
2) X. 내장, 뼈, 피도 먹어요.
3) X. 작은 물고기와 새우를 먹어요.
4) X. 조개뿐 아니라 물고기도 먹어요.
5) X. 유칼립투스 잎, 줄기, 대부분이 유칼립투스예요.

 **고양이는 정말
뜨거운 음식을 못 먹을까?**

**A 동물은 모두
뜨거운 음식을 못 먹어요.**

동물은 사람처럼 음식이나 마실 것을 데워 먹지
않습니다. 자연에는 체온보다 뜨거운 음식이 없어서
뜨거운 것에는 입을 데지 않아요.
집에서 키우는 고양이나 강아지에게
뜨거운 음식을 줘도 잘 먹지 않을 거예요.

따끈따끈

 뜨거운 음식은
사람들만 먹는구나!

하악!

 다른 동물들의 혀는 어떨까?

물고기도 혀가 있어요

아래턱 한가운데에 뼈처럼 볼록 튀어나온 것이 물고기의 혀입니다.

입 전체로 맛을 느껴요

물고기는 혀뿐만 아니라 입속, 입 주변, 지느러미로도 맛을 느낍니다.

혀

카멜레온은 혀를 쭉 뻗어 먹잇감을 잡아요

카멜레온의 혀 속에는 뼈가 있습니다.
평소에는 뼈 주위에 있는 근육이 용수철처럼 오그라들어 있어요.
먹잇감을 발견하면 빠르게 혀를 뻗어요. 이때 뼈가 앞으로
튀어나오면서 근육이 늘어나 혀가 가늘고 길어집니다.
그리고 혀끝에서 끈적끈적한 물질이 분비되어
먹잇감이 혀에 딱 달라붙어요.

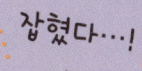 잡혔다…!

 **곤충에게도 귀가 있을까?**

 **울음소리를 내는 곤충도 사람처럼 귀로 소리를 들어요.**

 곤충의 귀는 어디에 있지?

귀뚜라미나 방울벌레처럼
우는 곤충은 다리에 귀가 있어요.
그래서 소리를 들을 수 있지요.
귀에는 사람과 똑같이 '고막'도 있어요.
장수풍뎅이처럼 귀가 없는 곤충들은
다리에 있는 미세한 털로 소리의
진동(파동)을 느낍니다.

 귀는 여기!

매미는 배로 우는 소리를 내요

맴맴~ 여름에 자주 듣는 매미 소리는
수매미의 소리입니다.
암매미는 소리를 듣고
수매미의 위치를 찾아냅니다.
매미의 배 속은 텅 비어 있어서
소리가 울려 크게 퍼져 나가지요.

귀가 다리에 달린 곤충도 있고
배로 소리를 내는 곤충도 있고
곤충은 정말 신기해!

캥거루는 얼마나 높이 뛸 수 있을까?

A

동부회색캥거루는
9m까지
뛰어오를 수 있어요.

3층까지?

9m는
아파트 3층 정도
높이야.

캥거루 발이 엄청 크다!

달리지 않고 점프를 해요

캥거루가 한 번 뛰면 그 높이는 3m, 거리로는 8m나 갈 수 있어요.
그중에서도 점프 능력이 뛰어난 동부회색캥거루는
9m 높이까지 뛰어오를 수 있어요.
하루에 100km 거리를 이동할 때도 있다고 해요.

풀을 먹고 근육을 만들어요

캥거루는 초식 동물이라
풀을 먹고 삽니다.
초식 동물은 풀을 먹고도
근육을 만들 수 있어요.
몸속 세균과 미생물이 풀을 분해하고,
풀 속 단백질로 근육을 만들지요.

울끈불끈

해 보세요!

캥거루처럼 뛰어 보자!

위로 높게 뛰어올라 보세요.
얼마나 높이 뛸 수 있나요?
어떻게 하면 더 높이 뛸 수 있을지
방법을 찾아보세요.

※ 주의! 넘어지지 않게 조심하세요!

내가 1등이야!

각 분야에서 1등인 동물을 모아 봤어요.
어떤 동물인지 맞혀 보세요.

 몸이 제일 큰 동물은?

 아프리카코끼리

육지에서 제일 큰 포유류는 아프리카코끼리입니다.
아프리카의 사막, 숲, 초원 등에 살지요.

몸길이 7.5m
몸무게 8~10t

몸길이

키가 제일 큰 동물은? **기린**

육지에서 제일 키가 큰 포유류는 기린입니다.
몸길이는 5m 정도고,
몸무게는 1t 정도 나가요.

키 5m
몸무게 1t

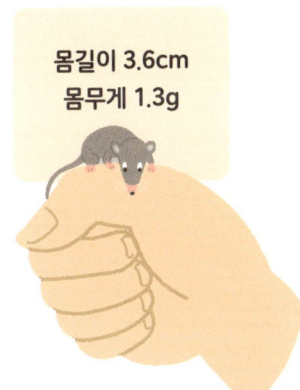

몸길이 3.6cm
몸무게 1.3g

 몸이 제일 작은 동물은?

 사비왜소땃쥐

육지에서 제일 작은 포유류는 사비왜소땃쥐라고 합니다.
몸무게는 10원짜리 동전보다 살짝 무거운 정도예요.
몸무게가 2g 정도인 꼬마뒤쥐보다 가볍지요.

 제일 빠른 동물은? **치타**

육지에서 제일 빨리 달릴 수 있는 포유류는 치타입니다.
최고 속도가 시속 100km를 넘는다고 하네요.

최고 속도 시속 104km

기다려!

제일 움직이지 않는 동물은?

 넓적부리황새

나무늘보, 달팽이, 불가사리도 잘 움직이지 않지만, 야생의 넓적부리황새는 먹잇감인 물고기가 수면으로 올라오기 전까지 1~2시간 동안 꼼짝도 하지 않고 가만히 기다립니다.
넓적부리황새는 '슈빌'이라고도 부릅니다.

근질근질~

 제일 오래 사는 동물은?

 **갈라파고스땅거북**

거북 중에는 100년 이상 사는 거북도 있습니다. 갈라파고스땅거북의 평균 수명은 약 180년입니다.
심지어 갈라파고스땅거북은 먹거나 마시지 않아도 1년 동안 살 수 있다고 해요.

형님~

몸길이 1.5m
몸무게 400kg

씹는 힘이 제일 센 동물은?

 악어

씹는 힘이 제일 센 동물은 악어류입니다. 나일악어도 세지만 바다악어가 제일 셉니다. 바다악어의 씹는 힘은 하마보다 2~3배 더 강하다고 알려져 있어요.

크아앙!

 악력이 제일 센 동물은?

 마운틴고릴라

몸이 큰 수컷 마운틴고릴라는 300kg 정도의 악력을 지녔을 것으로 추측됩니다. 악력이 제일 센 사람의 기록이 160kg 정도입니다. 마운틴고릴라의 악력이 어마어마하지요?

 얼룩말은 피부도 줄무늬일까?

 얼룩말의 피부는 사실 검은색이야.

 줄무늬가 아니야?!

피부도 검은색!

> 줄무늬는 얼룩말의 보호색이야.
> 적에게서 몸을 지키는 방법이지.

얼룩말 몸의 줄무늬는 **보호색** 역할을 합니다.
사자나 하이에나처럼 많은 **육식 동물**은 사람과 다르게
세상을 흑백으로만 볼 수 있어요.
따라서 얼룩말이 풀이나 나무 사이에 들어가면
적에게 잘 보이지 않지요.

사자가 보는
세상은 흑백!

'보호색'이란 무엇일까?

동물은 주변의 환경과 비슷하게
몸 색깔을 바꾸는데, 이를 보호색이라고 해요.
적의 눈에서 벗어나 몸을 지키고
먹잇감이 눈치를 채지 못하도록
숨어 있을 때 도움이 되지요.

> 동물들이 왜 현재의 모습이 되었는지 알고 싶어!

생물은 현재의 환경에서 살아갈 수 있도록 진화해 왔어요.
기린의 목이 긴 것도, 말의 다리가 긴 것도 진화의 결과이지요.
먼 옛날의 화석을 보면, 말은 원래 다리가 짧았다는 사실을 알 수 있어요.

'진화'란 무엇일까?

생물의 몸이 살아가기 쉽게 바뀌는 것을 진화라고 해요. 할아버지, 할머니, 아버지, 어머니, 자녀, 손주까지 긴 시간이 걸리지만 조금씩 변해 가지요.

현재 코끼리

옛날 코끼리
메리테리움

Q 코끼리 코는 왜 길까?

A 코끼리의 몸이 커지면서 물을 마시거나 땅에 있는 먹이를 주워 먹기가 어려워졌습니다. 코가 짧은 코끼리는 살아남을 수 없었지요.

 동물과 식물의 수수께끼

Q 토끼 귀는 왜 길까?

A 적이 가까이 다가오는 것을 빨리 알아챌 수 있도록 많은 소리를 모아서 들을 수 있는 모양이 되었습니다. 또 귀가 길면 몸의 열을 밖으로 빠르게 내보낼 수 있지요.

닭 볏

Q 닭 볏은 왜 있을까?

A 닭의 머리 위에 난 볏은 열에 약한 뇌를 지키기 위해 달려 있습니다. 수탉이 암탉을 유혹하는 역할도 합니다. 볏이 더 큰 수탉이 인기가 많지요.

생각해 보세요!

만약에 우리 몸이 진화한다면?

팔이 날개가 된다면?
팔과 다리가 엄청 길어진다면?
또 어떻게 변할 수 있을까요?

 **열대어의 색깔은 왜 화려할까?**

 **적에게서 몸을 지키기 위해서야.**

 단순히 아름다워 보이려는 게 아니구나.

열대어는 강에서는 빨갛거나 노란 수초 근처에서,
바다에서는 산호나 해초의 근처에서 살고 있습니다.
포식자에게 먹히지 않도록 몸을 숨기기 위해
주변 환경과 비슷한 모양이나 색깔을
띠게 되었다고 추측합니다.

색이 화려한 이유는?

수초와 겹쳐 보이기 위해

얼룩무늬 물고기는 수초 근처에 있어요.
몸이 수초와 겹쳐 보이기 때문에
적에게 쉽게 발각되지 않아요.

독이 있다는 것을 알려 주기 위해

독을 가진 생물은 화려한 색을
띠는 경우가 많아요.
천적에게 '나, 독 있다!'라고
경고하는 거예요.

천적이 아닌 같은 종임을 알리기 위해

수컷 열대어는 몸을 화려하게 해서
암컷에게 '내 DNA는 아주 뛰어나!'라며
뽐내는 거예요.

더 눈에 띄지 않기 위해

산호나 말미잘은 색이
알록달록하기 때문에
검은색이나 회색 물고기가
더 눈에 띄어요.
알록달록한 물고기가
더 안전한 셈이지요.

Q 물고기도 잠을 잘까?

A 바위 틈이나 수초 사이에서 가만히 있을 때는 잠을 자고 있는 것입니다. 눈을 뜬 채로 말이지요. 헤엄치며 자는 물고기도 있어요. 바로 참치예요! 참치는 헤엄을 치지 않으면 호흡을 못하기 때문에 헤엄을 치며 잡니다.

Q 오징어, 문어, 조개는 뼈가 있을까?

A 오징어도 문어도 조개도 <u>연체동물</u>이라 뼈가 없습니다.
조개의 껍데기도 뼈가 아니에요. 조개껍데기는 물속 수압을 견디고, 몸을 보호하기 위해 딱딱하게 진화했어요.

해 보세요!

여러 가지 열대어 그림을 그려 보세요!

물고기 도감을 봐도 좋고 상상해서 그려도 좋아요.

블루탱 흰동가리 옐로탱

베타 에인절피시 구피

네온테트라

어떤 색일까?
어떤 모양일까?
어떤 곳에서 살까?

 **꽃의 색깔은 왜 다양할까?**

 **색깔로 곤충을 유인하기 때문이야. 곤충이 꽃가루를 옮겨 주거든.**

 곤충이 봐 주길 바라기 때문이구나.

꽃은 곤충의 힘을 빌려서 꽃가루를 옮겨요.
꽃가루를 옮기는 것을
수분(▶43쪽)이라고 합니다.
따라서 꽃은 곤충들에게
자신의 존재를 뽐내기 위해
여러 가지 색깔로 꽃을 피워요.
향기로 곤충을 유인하기도
합니다.

더 알고 싶어요!

곤충이 보는 세상

같은 꽃이라도 사람과 곤충에게 보이는 색깔이 다릅니다.
곤충에게만 보이는 색깔이 있어요. 꽃들은 그 색깔로 무늬를 만듭니다.
곤충들은 그 색깔을 이정표 삼아 꽃의 꿀에 다다르게 되지요.

사람의 눈에 보이는 색
사람의 눈으로는 무지갯빛 일곱 개의 빛을 볼 수 있습니다.

곤충의 눈에 보이는 색
곤충은 자외선도 볼 수 있어요. 자외선은 사람에게 보이지 않는 빛이에요. 곤충은 자외선을 활용해 꽃의 꿀이나 꽃가루를 찾아요.

곤충이 꽃을 볼 때 꿀이 있는 곳은 도드라지게 보여요. 물론 곤충에 따라 다르게 보입니다.

아! 찾았다!

맛있는 꿀 줄게!

여기야, 여기!

 ## 흔들면 물 색깔이 변해요!

자색고구마나 적양배추를 사용하면 물이 보라색으로 바뀌어요.
이 보라색 물에 구연산이나 베이킹 소다를 넣어 흔들어 봐요! 마술이 일어나요!

준비물

- 자색고구마 가루
  (또는 히비스커스 차 가루)
  … 1큰술(약 10g)

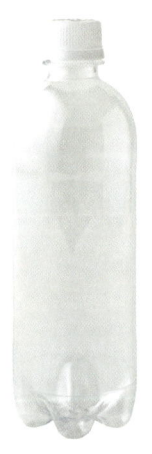

- 빈 페트병 … 1개

- 구연산
  (또는 레몬즙이나 식초)
  … 1작은술

- 베이킹 소다
  (또는 비눗물)
  … 1작은술

- 투명한 컵 … 3개
- 막대(또는 빨대)
  * 물을 휘젓는 데 필요해요.

- 물 … 300mL
- 쿠킹 시트나 종이 호일
  * 돌돌 말아 페트병에 꽂으면 가루를 쉽게 넣을 수 있어요.

색깔이 왜 바뀔까?

색깔이 변하는 비밀은 <u>산성</u>과 <u>알칼리성</u>의 특성에 있어요.
자색고구마는 보라색을 띠는 <u>안토시아닌</u>이 많이 들어 있어요.
안토시아닌은 산성일 때 붉은색을, 알칼리성일 때는 파란색이나 초록색을 띱니다.
그래서 산성인 구연산을 넣은 컵은 붉은색이, 알칼리성인 베이킹 소다를 넣은 컵은 청록색이 됩니다.

동물과 식물의 수수께끼

> 실험 방법

1

빈 페트병 안에 자색고구마 가루를 넣고 물을 따릅니다.

2

뚜껑을 닫고 잘 흔들면 물이 보라색으로 바뀌어요.

3

②의 보라색 물을 세 컵에 나눠 따릅니다. 왼쪽 컵에 구연산을, 오른쪽 컵에 베이킹 소다를 넣고 섞습니다.

> 보라색 물이 어떻게 달라지는지 관찰해 봐요!

사진은 왼쪽부터 순서대로 구연산을 넣은 컵, 아무것도 넣지 않은 컵, 베이킹 소다를 넣은 컵입니다.

다른 재료를 써도 할 수 있어요!

① 구연산 대신 식초
② 베이킹 소다 대신 비눗물
③ 자색고구마 가루 대신 차조기 가루

자색고구마 가루 대신 나팔꽃, 포도 껍질, 블루베리를 써서 물을 보라색으로 만들 수 있어요. 여기에 식초와 비눗물을 넣어 색깔을 비교해 보세요!

차조기 가루에 식초를 넣으면 붉게! 차조기 가루에 비눗물을 넣으면 파랗게!

 꽃에서는
왜 좋은 향기가 날까?

 곤충 친구들의 마음을
달콤한 꿀로 사로잡아
꽃가루를 옮기게 하는 거야.

 곤충이나 새가 꽃가루를
멀리 퍼뜨려 주는구나.

꽃은 곤충이나 새가 좋아하는
향기를 뿜어내서 불러들여요.
곤충이나 새 몸에
꽃가루를 묻혀 다른 곳으로
옮기게 해요.
꽃가루를 옮기는 것을
수분이라고 해요.
곤충이나 새가 좋아하는
향기가 각각 달라서
꽃들은 다양한 향기를 내요.

좋은 냄새!

꽃은 수분을 해서 번식해요

식물은 씨앗을 만들어서 번식을 이어 갑니다.
씨앗을 만들려면 **수술**에서 나오는 꽃가루가 **암술**에 닿아야 해요.
식물들은 스스로 움직이지 못하기 때문에 이런저런 궁리를 해요.
곤충이나 새들에게 꽃가루를 옮기게 하고, 바람이나 물을 이용하지요.

자가 수분
수술의 꽃가루가 같은 꽃의 암술에 붙어 수분하는 것을 말해요.

타가 수분
곤충이나 새가 수술에 있는 꽃가루를 다른 꽃의 암술에 옮겨 수분하는 것을 말해요.
타가 수분을 하는 식물이 더 많아요.

꽃향기에 이끌리는 곤충들

꽃은 다양한 향기를 내뿜어
곤충을 불러 모읍니다.
곤충은 꽃의 향기로운 꿀을 먹지요.
꿀을 먹는 사이 곤충 몸에는
수술의 꽃가루가 붙어요.
그 곤충이 다른 꽃으로
옮겨 가 꽃가루를 암술에 붙이면
수분이 됩니다.

발에 꽃가루가 붙은 꿀벌

꽃가루는 여러 가지 방법으로 옮겨져요

옥수수

바람이 옮겨 주는 식물
옥수수처럼 바람이 꽃가루를 옮겨 줘 수분하는 식물도 있습니다.

솔잎말

물이 옮겨 주는 식물
솔잎말처럼 물속에서 자라는 꽃의 꽃가루는 물속에 퍼지면서 꽃가루가 옮겨져 수분을 합니다.

냄새가 고약한 꽃에도 곤충이 올까?

곤충이나 새들에게는 좋은 향기

동남아시아에서 피는 라플레시아라는 꽃은 크기가 1m나 되는 매우 큰 꽃이에요. 냄새가 고약해 '시체꽃'이라고도 해요. 이 냄새를 좋아하는 곤충들이 모여 꽃가루를 옮깁니다.

라플레시아

다양한 꽃들의 향기를 맡아 봐요

집이나 학교에 있는 꽃, 길에서 보이는 꽃 등
다양한 꽃들의 향기를 맡아 보세요. 특이한 향을 가진 꽃이 있나요?
꽃향기의 특징, 공통점, 차이점을 찾아 기록해 봐요!

동백꽃

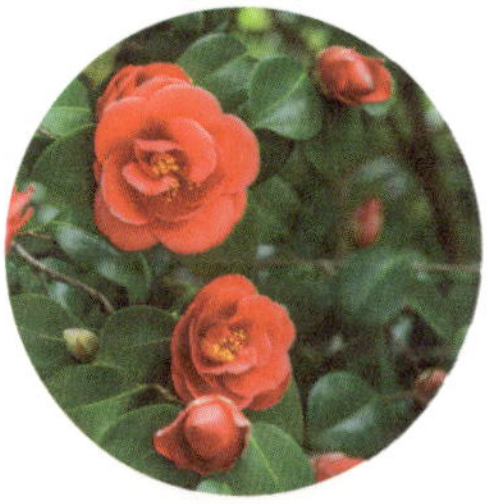

매화

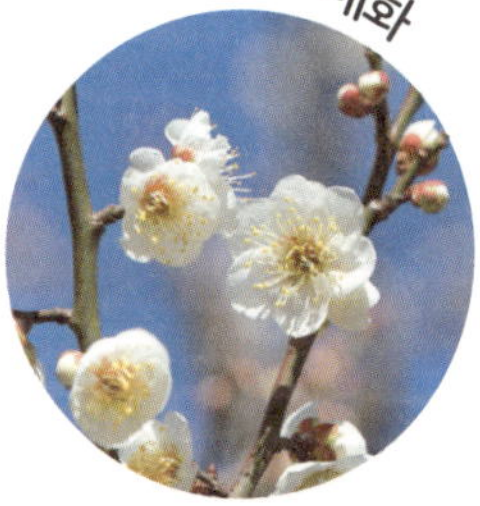

토끼풀

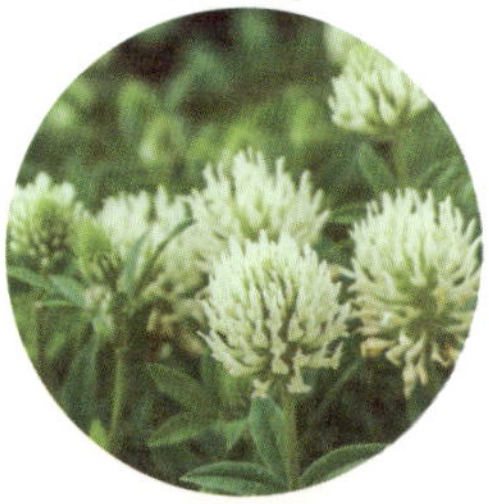

좋은 향기?
고약한 냄새?

금목서

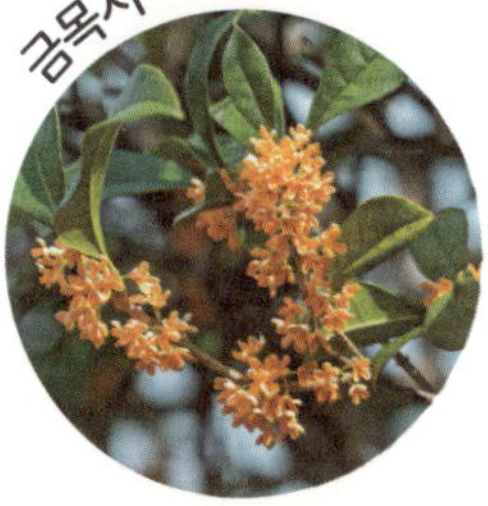

코스모스

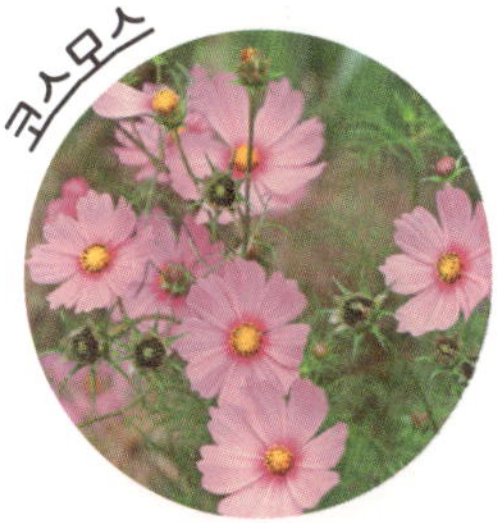

벚꽃

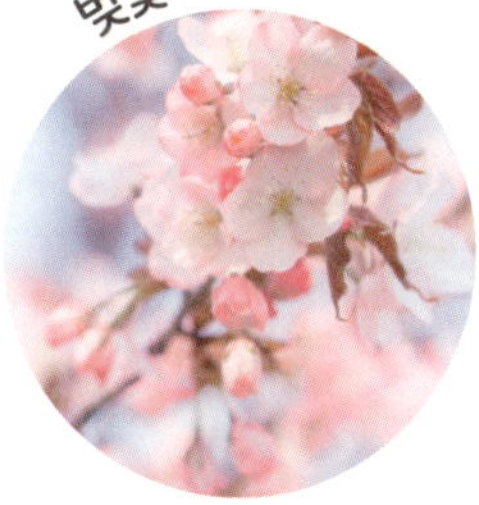

봄, 여름, 가을, 겨울 어느 계절에 필까?

수국

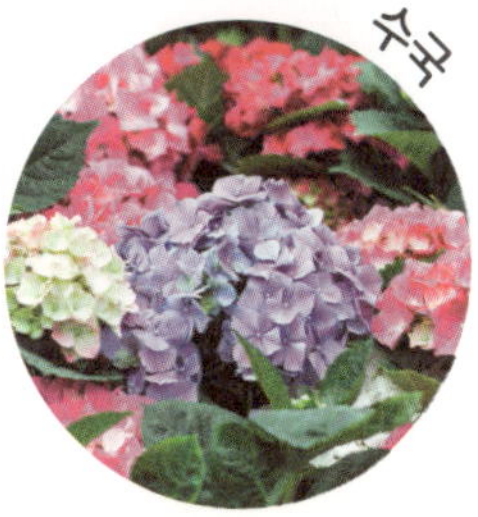

민들레

어떤 향기가 날까?

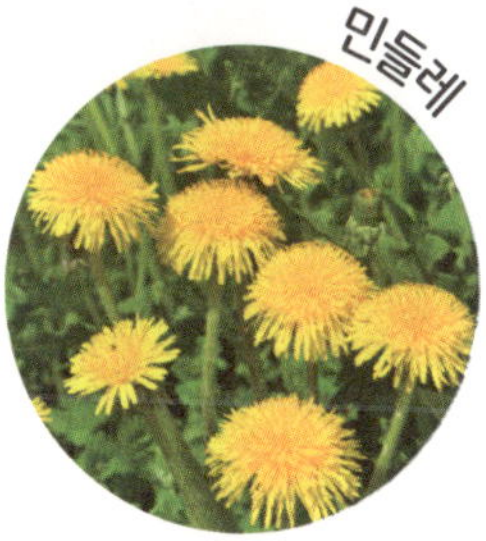

백합

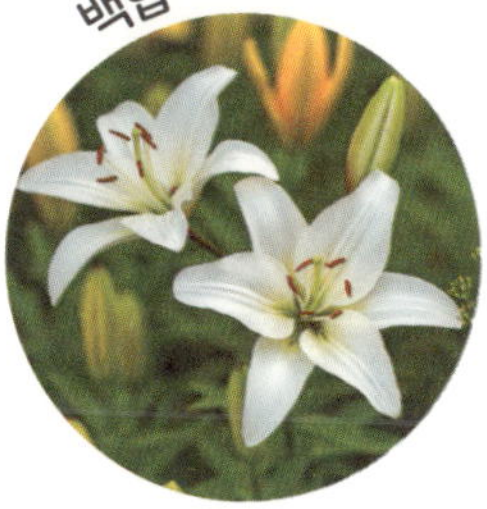

장미

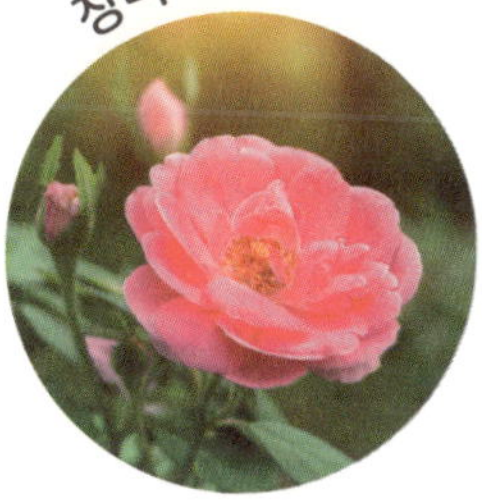

색깔이 같더라도 향기가 달라요.

 **식물은 큰데 씨앗은 왜 작을까?**

 **더 많이 번식하려면 먼 곳까지 씨앗을 옮겨야 하기 때문이야.**

 왜 작아야 할까?

식물의 씨앗은 더 먼 곳에서 싹을 틔우기 위해 여러 방법을 써요. 동물의 몸에 붙어서 이동하기도 하지요. 동물이 과일을 먹을 때 같이 삼킨 씨앗이 똥에 섞여 나와 다른 곳에서 싹을 틔우기도 합니다. 이처럼 이동하기 쉽도록 씨앗의 크기는 작아요.

더 좋은 곳에!

식물은 일단 뿌리를 내리면 스스로 이동할 수 없어요. 자라나기 힘든 곳에 자리를 잡으면 번식하기 어렵지요. 따라서 작은 씨앗의 모습으로 이동한답니다.

축축하고 어두운 곳

너무 어두워~! 크게 자랄 수가 없어~!

됐다! 빛을 듬뿍 받을 수 있어!

밝고 드넓은 곳

작은 씨앗에 정보가 꽉 차 있다!

작은 씨앗에는 크게 자라나기 위한 유전 정보가 가득 차 있어요. 커다란 나무도 처음에는 작은 씨앗에서 싹을 틔워요.

 작은 씨앗이 어떻게 큰 식물로 자라날까?

씨앗에서 싹을 틔워요

씨앗이 싹을 틔우려면 세 가지 조건이 필요해요. 첫 번째는 물, 두 번째는 온도, 세 번째는 산소입니다. 햇빛이 필요한 씨앗도 있어요. 씨앗에서 싹을 틔우는 것을 **발아**라고 해요.

더 알고 싶어요!

씨앗이 없는 식물도 있다!

양치식물이나 이끼식물은 씨앗이 아니라 '홀씨'로 번식합니다.
홀씨에서 싹이 터서 자라지요.

양치식물
양치식물은 물가에서 자라요.
뿌리, 줄기, 잎으로 나뉘어 있고,
뿌리로 수분을 흡수합니다.

이끼식물
이끼식물은 오래된 나무, 습지, 바위에서 자라요.
뿌리, 줄기, 잎으로 나뉘어 있지 않아요.
온몸으로 수분을 흡수하지요.

싹이 트고 꽃이 피고 다시 씨앗이 돼요

식물은 씨앗에서 싹이 트고 무럭무럭 자라 꽃이 핍니다.
꽃이 피면 수분을 해서 씨앗이 생겨요.
물, 산소, 온도, 햇빛이 적당하면
식물은 쑥쑥
자랄 수 있어요.

 나뭇잎은 왜 겨울에 많이 떨어질까?

 겨울이 되면 나무의 힘이 약해져. 힘을 덜 쓰기 위해 잎을 떨어뜨리는 거야.

 나뭇잎을 일부러 떨어뜨리는 거라구?

겨울이 되면 햇빛이 약해지기 때문에, 식물이 잎으로 영양을 만드는 **광합성**이라는 작용도 줄어들어요.
또 잎이 있으면 잎의 표면에서 수분이 계속해서 날아가요. 나무가 수분을 지키기 위해 잎을 떨어뜨리는 거예요.

'광합성'이란?

식물은 햇빛을 받아서 뿌리로 흡수한 물과 이산화 탄소로 성장을 위한 영양과 산소를 만들어 내요. 이 과정을 광합성이라고 합니다.

잎의 역할

잎이 녹색을 띠는 이유는 **엽록체**가 들어 있기 때문이에요. 엽록체에서 광합성을 하지요.

낙엽에는 영양이 듬뿍!

나무에서 떨어진 낙엽들은 시간이 지나면 시들어요. 곤충이나 지렁이에게 먹히거나 썩어서 영양이 가득한 흙이 됩니다. 씨앗에서 싹이 트고 뿌리가 성장하는 것을 도와요.

Q 나무는 왜 커질까?

A 커다란 나무도 처음에는 씨앗에서 작은 싹을 틔웠습니다.
싹은 수없이 많은 작은 **세포**로 이루어져 있어요.
식물은 광합성으로 만든 영양분으로 자라요.
세포가 **세포 분열**을 하면서 그 수가 점점 늘어나 크게 자라납니다.

'세포 분열'이란 무엇일까?

원래는 하나였던 세포가 두 개로 나뉘어져 계속 늘어납니다.
둘로 나뉜 작은 세포가 원래 크기까지 성장하고,
각각 두 개로 나뉩니다. 이 과정을 반복하면 세포의 수가
점점 늘어나 몸집도 커지지요.

세포 분열

동물과 식물의 수수께끼

? 알쏭달쏭 과학 퀴즈

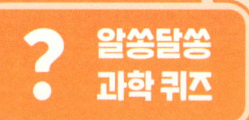

이 씨앗에서는 어떤 꽃이 필까?

어떤 씨앗에서 어떤 꽃이 필까요?

씨앗 ①~⑤번과 꽃 가~마를 바르게 연결하고 꽃의 이름을 맞혀 보세요.

씨앗

1

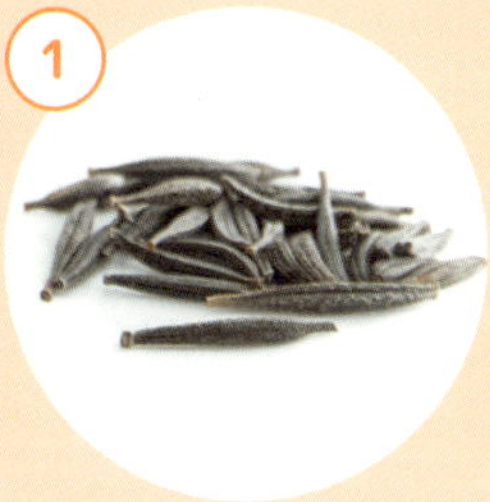

2

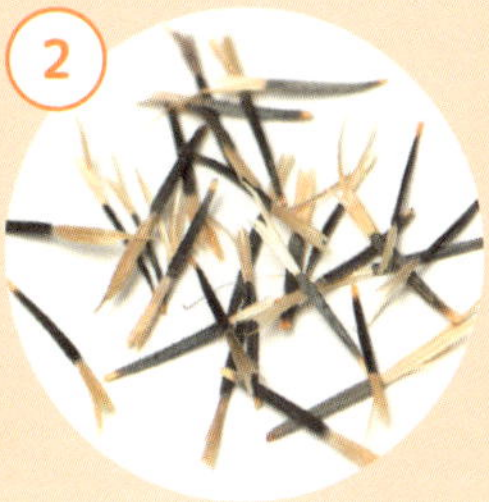

3

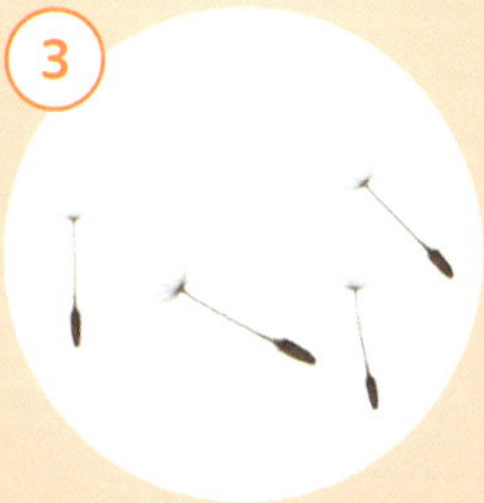

4

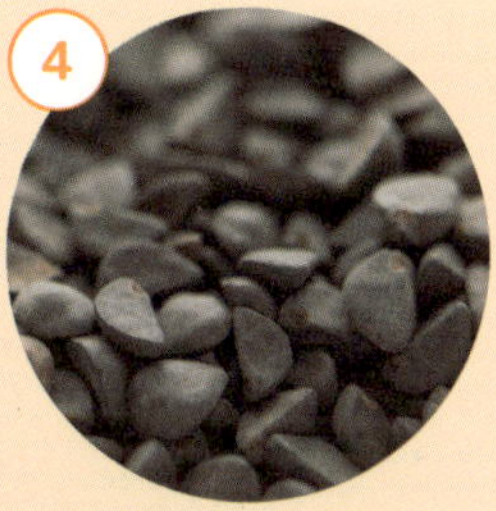

5

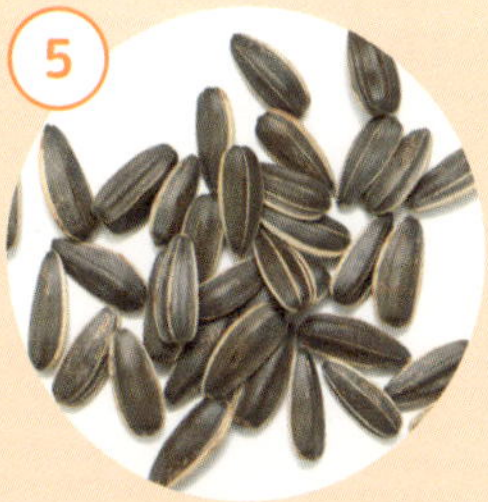

꽃

가

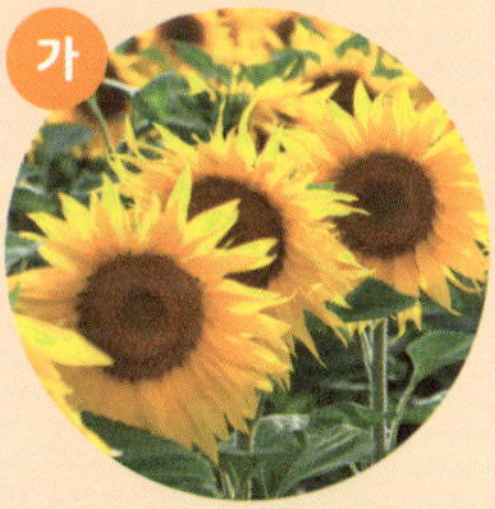

나

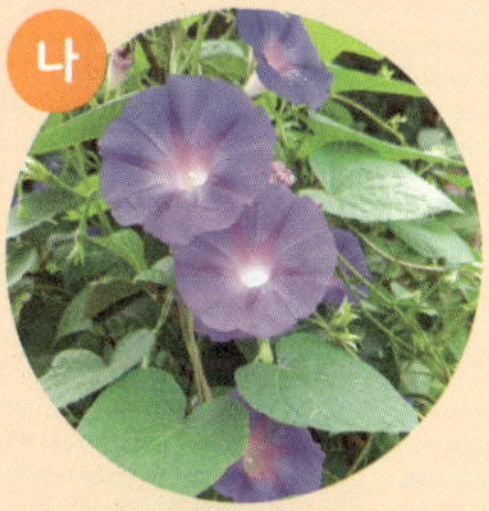

다

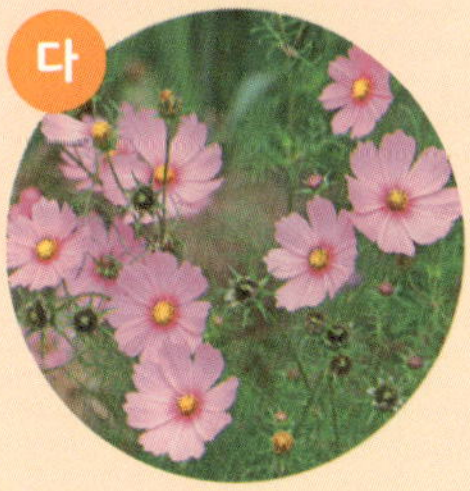

라

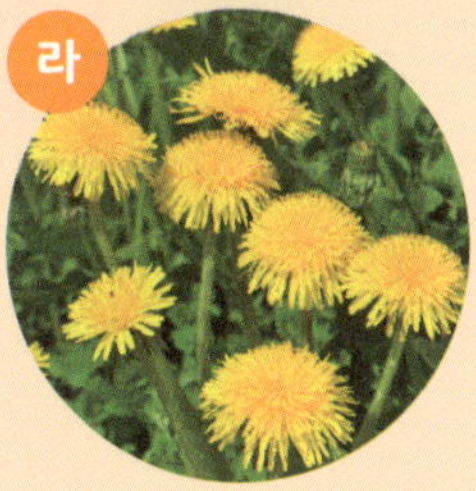

마

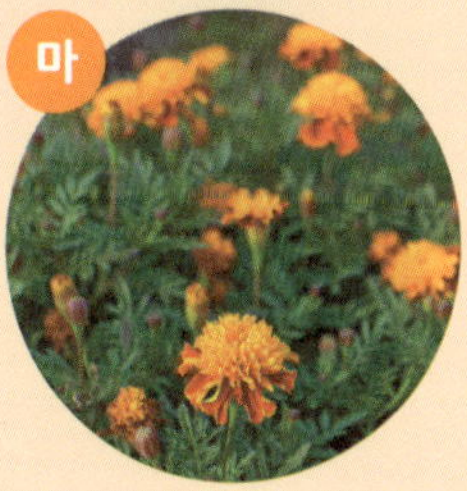

정답은 뒷면에 있어요!

퀴즈 정답

1  » 다  정답 **코스모스**

2  » 마  정답 **마리골드**

3 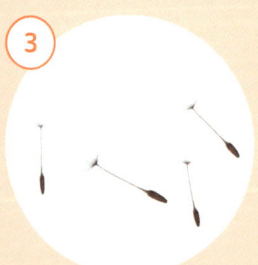 » 라  정답 **민들레**

4  » 나  정답 **나팔꽃**

5  » 가  정답 **해바라기**

음식의 수수께끼

우리가 먹는 음식에도 수수께끼가 가득합니다.
레몬을 보면 침이 나오는 이유는?
귤을 많이 먹으면 손이 노래지는 이유는 무엇일까요?
그 비밀을 알고 먹으면 더 맛있게 느껴질 거예요!

Q 바나나에는 왜 검은 점들이 생길까?

A 지금이 가장 맛있다는 신호야.

먹어도 되는구나!

바나나 열매는 딴 후에도 공기를 빨아들이고 내뱉으며 **호흡**을 합니다. 이때 바나나가 빨아들인 **산소**와 바나나 속에 있던 **폴리페놀**이 만나서 껍질에 검은 점이 생깁니다.

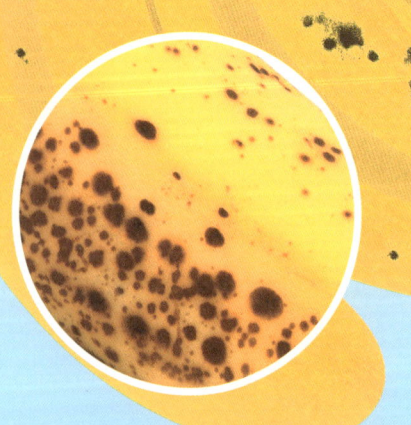

검은 점은 잘 익어서 당도가 높아졌다는 뜻이에요.

'폴리페놀'이란 무엇일까?

식물이 광합성을 해서 만들어 낸 성분입니다. 폴리페놀이 많이 들어 있는 오렌지, 딸기, 콩 등을 섭취하면 건강과 미용에 좋다고 해요.

갓 땄을 때는 초록색!

외국에서 딴 바나나가 배를 타고 올 때는 모두 초록색을 띠고 있어요.

갓 딴 바나나

탄닌 덕분에 바나나에 해충이 다가오지 않아요.

익어서 노래진 바나나

초록색 바나나에는 **탄닌**이라고 하는 매우 떫은맛을 내는 성분이 가득 들어 있어요. 이 떫은맛은 녹차에도 있어요.

따기 전의 초록색 바나나

바나나는 점점 익으면 초록색 색소가 분해되면서 노란색 색소만 남아요.

과일의 수수께끼는 또 어떤 게 있을까?

Q 딸기에 박힌 알갱이들은 무엇일까?

A 딸기의 알갱이들은 사실 열매입니다.
이 알갱이들 하나하나에 씨앗이 들어 있어요.
우리가 딸기 열매라고 생각해서 먹는 빨간 부분은
꽃받침이 커진 것입니다. '헛열매'라고도 합니다.

알갱이가 열매라니 놀라워!

알갱이에서 싹이 난다고?!

'꽃받침'이란?
꽃을 받쳐 주거나 보호하는 부분을 말해요.

딸기는 왜 빨간색일까?
딸기에 안토시아닌이 들어 있기 때문이에요.
안토시아닌의 화려한 색깔로 다른 곤충과 동물을 유인해 수분을 돕게 해요. 사과, 체리, 포도가 붉은 것도 안토시아닌 때문이지요.

Q 수박에 소금을 뿌리면 왜 달아질까?

A 우리 혀는 단맛과 짠맛을 섞으면 둘 중 한 가지 맛을 강하게 느끼기도 합니다. 달콤한 수박과 짠 소금이 만났을 때 둘 중 한 맛이 강하게 느껴집니다. 소금의 짠맛보다 수박의 달콤함이 더 강하게 느껴질 거예요.

해 보세요!

토마토 주스를 비교해 보세요!

슈퍼마켓에서 파는 토마토 주스에는 보통 소금이 들어가 있어요. 무염 토마토 주스와 비교해 볼까요? 무염 토마토 주스와 번갈아 마셔 보면 소금이 들어 있는 토마토 주스가 더 달게 느껴질 거예요.

Q 귤을 많이 먹으면 손이 노래진다는데 진짜일까?

A 진짜야.
귤의 노란색 성분이
피부밑에 쌓이기 때문이지.

 귤의 노란색을 띠는 정체는 베타카로틴

귤에는 노란색을 띠는 베타카로틴이 듬뿍 들어 있어요.
많이 먹으면 베타카로틴이 피부밑에 쌓여서
손가락이나 손바닥이 노래지곤 합니다.
시간이 지나면 원래대로 돌아오니 걱정 마세요!

 너무 많이 먹지 않도록 조심해!

풍선에 오렌지 껍질의 즙을 뿌려 보자

이 실험은 오렌지나 귤, 레몬 껍질에 들어 있는 ==리모넨==을 활용한 실험이에요!
리모넨을 풍선에 뿌리면 어떤 일이 일어날까요?
풍선이 빵 터질 수도…!

준비물

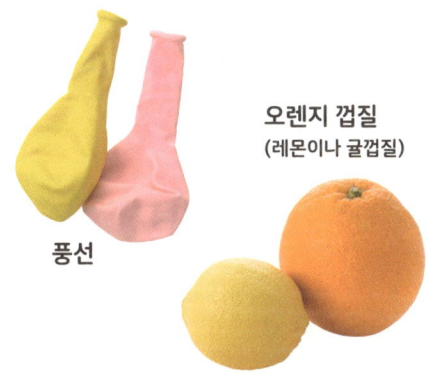

풍선
오렌지 껍질
(레몬이나 귤껍질)

왜 풍선이 터질까?

비밀은 바로 분자예요. 분자란 어떤 사물의 성질을 지닌 작은 덩어리예요. 리모넨의 분자와 풍선의 고무 분자는 모양이 매우 닮았어요. 그래서 달라붙으면 서로 섞여서 녹아 버리고 말지요.

실험 방법

크게 분 풍선에 오렌지 껍질을 접어 껍질의 즙을 찍! 하고 뿌립니다. 뿌리고 나서 기다려요. 귀를 막아도 좋아요! 몇 초 지나면 풍선이 터질 거예요.

스티로폼에 손도장 남기기

즙을 손바닥에 묻히고 스티로폼에 손도장을 찍듯이 눌러 보세요. 잠시 후에 스티로폼이 녹으며 손자국이 선명하게 생길 거예요.

Q 낫토는 왜 끈적끈적할까?

A 끈적끈적하게 만드는 범인은 '낫토균'이야.

섞으면 끈적끈적해지지!

낫토는 콩에 낫토균을 더해서 **발효**시킨 발효 식품이에요.

끈적끈적~

섞기 전　　　　　섞은 후

낫토를 섞기 전에는
끈적끈적하지 않아요.
낫토를 섞으면 끈적끈적한
실이 생기는데, 이 실의 정체는
낫토균이에요. 낫토균이
낫토의 맛을 더해 주지요.

낫토균의 대단한 힘

낫토균은 몸에 좋은
성분이 가득해요.
혈액 순환을 좋게 해서
뇌와 심장의 병을 예방하고,
장 안에서도 좋은 균을
도와 병을 예방해요.

'발효'란 무엇일까?

우리 주변에는 눈에 보이지 않을 정도로 작은 생물인
균이나 미생물이 살아요. 미생물은 음식에 붙어서 번식해요.
이때 미생물이 어떤 물질을 만드는 작용을 '발효'라고 해요.
발효를 해서 만든 음식을 발효 식품이라고 불러요.
김치, 젓갈, 빵도 발효 식품이에요.

전부 다 발효 식품!

간장

된장

요구르트

치즈

알쏭달쏭 과학 퀴즈

콩의 대변신!

콩은 발효를 하거나 가열하면 여러 가지 음식으로 변신을 해요.
그림자와 설명 힌트를 보면서 콩이 어떤 음식으로 변할지 맞혀 보세요.

콩

씨앗이 자라면 초록색에 길고 둥근 콩이 돼요.
콩이 시들어 바싹바싹 마르면
옅은 갈색에 동그란 콩이 돼요.

---

1  그림자 힌트

미리 수확한 것   정답 _____

▼ 설명 힌트

콩이 익기 전 가지에 달린 채로 수확합니다.
초록색의 콩꼬투리에 들어 있어요.
삶아서 먹는데, 여름에 많이 먹어요.

2  그림자 힌트

발효한 것   정답 _____

▼ 설명 힌트

삶은 콩을 으깨서 누룩곰팡이를 섞어요.
한참 동안 그대로 두면 완성이에요.
찌개나 국물 요리에 많이 쓰여요.

발효한 것   정답 _____

▼ 설명 힌트

삶은 콩, 소금, 누룩곰팡이로 만들어요.
짙은 갈색을 띠고 짭짤해요. 전, 두부, 회 등을 찍어 먹거나 고기 조림 요리를 할 때 맛을 내기도 해요.

볶은 것   정답 _____

▼ 설명 힌트

콩을 볶아서 갈아 낸 가루예요.
옅은 노란색을 띠어요. 이것으로 콩 인절미를 만들어 먹어요. 팥빙수에 뿌려 먹기도 하지요.

굳힌 것   정답 _____

▼ 설명 힌트

콩을 물에 불려서 콩물을 짜낸 다음 간수를 섞으면 굳어요.
희고 네모난 모양으로 파는 경우가 많아요.

기름에 튀긴 것   정답 _____

▼ 설명 힌트

⑤번 음식을 얇게 썰어서 기름에 튀기면 완성이에요.
초밥이나 우동에 들어가는 재료예요.

퀴즈 정답

⑥ 유부　⑤ 두부　④ 콩가루　③ 간장　② 된장　① 콩잎

떡을 구우면 부풀어 오르는 이유는 무엇일까?

떡 속에 들어 있는 수분이 뜨거워지면 1,700배까지 부풀어 오르기 때문이야.

1,700배나? 엄청나네!

물질은 **분자**라는 알갱이들로 이루어져 있어요.
물도 분자들이 꽉 차 있지요.
물을 데우면 분자가 활발하게 움직입니다.
서로 멀어지면서 뿔뿔이 흩어지고 **수증기**로 변해요.
이것을 **증발**이라고 불러요.
이때 부피가 단숨에 1,700배로 커지게 돼요.

1,700배는 어느 정도일까?

팩 우유의 절반인 양(약 100mL)이 욕조(약 170L)를 가득 채울 만큼 커지는 정도예요!

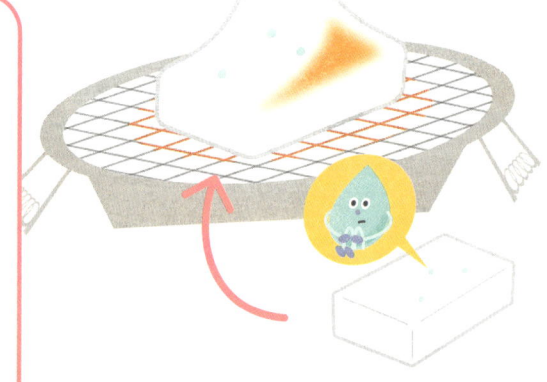

음식의 수수께끼

팝콘은 왜 부풀어 오를까?

 떡과 마찬가지로 옥수수 알 안에 있던 수분이 부풀어 오르기 때문이에요. 프라이팬에 열을 가하면 옥수수 알 안에 있던 수분이 수증기가 되면서 부피가 커져요. 이때 옥수수 알의 바깥 껍질은 무척 딱딱해져서 수분이 껍질 안에 갇히게 돼요. 그러다 결국 견디지 못하고 터지는 거랍니다.

통조림 옥수수 알

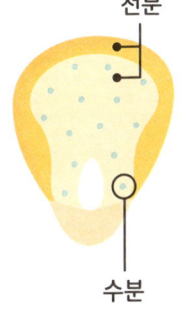

전분
수분

통조림에 들어 있는 옥수수 알은 얇은 전분으로만 덮여 있어요. 수증기가 밖으로 새어 나갈 수 있기 때문에 터지지 않아요.

팝콘용 옥수수 알

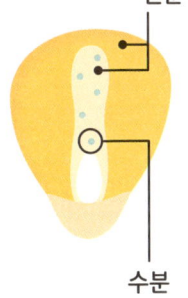

전분
수분

팝콘용 옥수수 알은 딱딱하고 바싹 마른 전분이 주위를 둘러싸고 있어요. 껍질 안쪽에 수증기가 갇혀 있다가 결국에는 터지게 돼요.

 떡이랑 비슷하지만 다르네!

팬케이크는 왜 부풀어 오를까?

 팬케이크를 구우면 반죽에 들어 있던 베이킹 소다에서 **이산화 탄소**라는 가스가 나와요.
동시에 물이 **수증기**가 되면서
전체가 부드럽게 부풀어 올라요.

팬케이크에 생긴 구멍은 이산화 탄소가 나오면서 생긴 구멍이에요.

보글보글!

이산화 탄소가 나오는 것들

발포 비타민

발포 비타민을 물에 넣으면 보글보글하며 이산화 탄소가 나와요. 발포 비타민에 들어 있는 탄산수소 나트륨이 물과 만나 이산화 탄소를 만들어 내요.

입욕제

입욕제도 물에 넣으면 보글보글 거품이 나요.
구연산과 탄산수소 나트륨이 들어 있기 때문이에요.
입욕제는 오일과 색소를 섞어서 만들어요.

 ## 떡에 그림을 그리면?

떡 속에 수분이 들어 있다는 사실을 알 수 있었어요. 이번에는 물이 증발해서 수증기가 되면 부피가 커지는 것을 눈으로 확인할 수 있는 실험이에요.

준비물

- 절편
- 에어 프라이어
- 알루미늄 포일
- 이쑤시개 (그림 그리는 용)
- 식용 물감

실험 방법

1

떡의 표면에 물을 살짝 바른 다음 식용 물감으로 그림을 그립니다. 떡이 완전히 말라 있으면 구웠을 때 갈라져요.

2

떡을 에어 프라이어에 넣어 구워요. 부풀어 오르는 모습을 관찰해 보세요!

※ 주의! 구울 때는 꼭 어른과 함께하세요.

풍선에 그림을 그리면?

풍선에 그림을 그린 다음 불어 봅시다! 풍선이 커지면서 그림도 점점 커질 거예요. 떡도 풍선과 마찬가지로 안쪽이 부풀면서 바깥쪽도 따라서 부풀어 올라요.

 양파를 썰면
왜 눈물이 날까?

A 양파 속에는
눈과 코를 자극하는 성분이
들어 있기 때문이야.

 눈물로 눈을 보호하는 거였네!

양파를 썰면 속에 있던 알리신이
나와 공기 중으로 흩어집니다.
알리신이 눈에 들어가면 따갑고
아파요. 그래서 눈에서 눈물을
내보내는 거예요.
눈과 코는 몸속에서 이어져 있어요.
알리신이 코에 들어가도
눈물이 나지요.

해 보세요!

양파를 썰 때 눈물이 안 나게 하려면?

알리신이 공기 중으로 퍼지지 않도록 하거나 눈과 코에 들어가지 않도록 하면 눈물이 잘 나지 않아요.

- 물안경 쓰기
- 휴지로 코 막기
- 양파를 물에 적시면서 썰기
- 힘을 가볍게 해서 썰기

집에 있는 어른과 함께하세요!

Q 신 것을 보기만 해도 왜 침이 나올까?

A 레몬이나 매실장아찌를 보면 전에 먹었던 신맛이 떠올라 침이 나올 때가 있어요. 이것을 조건 반사라고 불러요. 러시아의 파블로프라는 박사가 발견했지요. 파블로프 박사는 개에게 먹이를 줄 때, 벨을 울린 다음에 먹이를 줬어요. 이 일을 여러 번 반복했지요. 그랬더니 개가 벨 소리만 들어도 침을 흘리게 되었어요. 벨 소리에 먹이를 떠올렸기 때문이에요.

Q 연근에는 왜 구멍이 뚫려 있을까?

A 연근은 연못, 논 같은 물속에서 자라요. 물 바닥에 있는 흙 속에서 자라는데, 그곳에는 공기가 없어요. 대신에 물 위에 나와 있는 잎이 땅 밑에 있는 줄기와 뿌리까지 필요한 공기를 보내 줘요. 연근의 구멍을 통해 공기가 이동한 거지요.

Q 숙주나물은 왜 초록색이 아닌 흰색일까?

A 숙주나물의 씨앗은 바로 녹두예요. 숙주나물은 햇빛을 받지 못하게 위에 비닐 등을 덮어 어두운 곳에서 키워요. 이때 햇빛을 받지 못해 흰색으로 자라지요. 숙주나물이 햇빛을 받아 광합성을 한다면 우리가 먹는 부분인 뿌리가 길고 얇아질 거예요. 숙주나물을 더 부드럽고 맛있게 먹기 위해 어두운 곳에서 키웁니다.

재배 중인 숙주나물

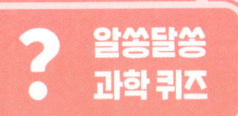 **어느 부분을 먹는 채소일까?**

채소 그림과 설명을 알맞게 선으로 이어 보세요!

가지·피망·토마토

● **열매를 먹는 채소**

열매란 과실을 말해요.
채소의 암술부분 아래가 부풀어
오른 것이지요.
열매는 여러 가지 색깔이 있어요.

시금치·양배추

● **뿌리를 먹는 채소**

땅속에 묻혀 있어요.
잎이나 꽃만 봐서는 어떤 채소인지
알 수 없어요.
딱딱한 채소 또는 익히면 단맛이
나는 채소가 많아요.

고구마·당근

● **잎을 먹는 채소**

엽록소를 가졌어요.
광합성을 해서 영양소를 만들어요.

퀴즈 정답

≪ 뿌리를 먹는 채소
≪ 열매를 먹는 채소
≪ 잎을 먹는 채소

무처럼 뿌리와 잎을 모두 먹는 채소도 있어요!

채소로 손수건을 염색해 봐요!

과일이나 채소에는 색을 내는 색소가 들어 있어요.
이 색소로 손수건을 물들일 수 있어요.

(위) 양파 껍질 염색
(아래) 가지 껍질 염색

준비물

손수건을 고무줄로 묶어서
물을 들이면,
위쪽 사진처럼
무늬가 생겨요.

- 흰 손수건
- 고무줄

- 양파 껍질(갈색 부분)
  … 10개 분량

- 명반(백반)
  … 귀이개 1~2스푼

- 스테인리스 냄비
  (또는 법랑 냄비)
- 믹싱 볼, 체
- 물 … 2L
- 긴 요리용 젓가락이나 집게
- 가스레인지
- 세제

※ 주의! 철이나 알루미늄은
색이 변하기 때문에 쓰면 안 돼요.

어떻게 손수건에 색이 물들까?

양파 껍질에는 **퀘르세틴**이라는 색소가 들어 있어요.
염색액에 손수건을 넣으면 이 색소가 천에 스며들어 색을 내요.
하지만 세탁할수록 색소가 점점 빠질 거예요.
이때 필요한 것이 명반이에요. 명반이 접착제 역할을 해서
색소를 손수건에 딱 붙게 해 줍니다.

실험 방법

※ 주의! 냄비나 가스레인지를 쓸 때는 어른과 함께하세요.

1 양파 껍질과 물 2L를 냄비에 넣고 15~30분 정도 가열합니다. 믹싱 볼에 체를 받치고 냄비의 물을 따라 양파 껍질을 걸러 내요.

2 고무줄로 묶은 손수건을 ①의 염색액에 넣고 15~30분 담가 둡니다. 그 후에 물로 가볍게 씻어 내요.

3 냄비에 물 2L와 명반을 넣어 섞습니다. 약불로 가열하여 데우고 불을 끕니다.

4 ②의 손수건을 ③의 냄비에 15분 정도 담급니다.

5 물에 헹군 다음 세제를 넣어 가볍게 씻어 줍니다. 고무줄을 빼고 말리면 완성!

> **가지 껍질은 파랗게 물든다!**

양파 껍질 대신 가지 껍질을 쓰면 파랗게 물이 들어요.
가지는 3개 정도 사용하면 됩니다.
명반 대신 구연산을 20g 정도 씁니다.
②로 만든 염색액에 구연산을 더해서 섞으면 액이 보라색으로 변할 거예요.
그다음에 손수건을 넣습니다.
마음에 드는 색으로 물이 들었을 때 물에 헹궈서 말리면 완성입니다.

 **우유를 데우면
왜 얇은 막이 생길까?**

 **우유에 든 단백질과
지질이 굳기 때문이야.**

 단백질과 지질이 떠올라서
막이 생기는 거였어.

우유에는 **단백질**과
지질이 들어 있어요.
단백질은 데우면 굳는
특징이 있는데, 근처에 있는
지질과 엉겨 붙어 막을 만들어요.
이렇게 생긴 막은 물보다
가벼워서 표면으로 떠오르지요.

우유는 어미 소의 젖

우유에는 송아지가 자라는 데 필요한 단백질, 지질, **칼슘**, **비타민** 등의 영양소가 듬뿍 들어 있어요.
우유는 치즈, 버터, 생크림, 요구르트를 만드는 데 사용돼요.

 우유에는 영양분이 듬뿍 들었구나!

더 알고 싶어요!

우리 몸에 꼭 필요한 3대 영양소

사람은 살아가기 위해 음식에서 영양을 얻습니다. 사람에게 중요한 영양소 가운데 **단백질·지질·탄수화물**을 **3대 영양소**라고 불러요.

3대 영양소는 무슨 일을 할까?

단백질은
몸을 만드는 데 필요해요

근육, 내장, 피부, 머리카락 등을
만드는 물질이에요.
몸을 건강하게 유지하는
호르몬과 효소도 만들지요.

고기, 생선, 달걀,
우유, 요구르트 등

지질은
몸을 움직이는 데 필요해요

몸을 움직이는 에너지의
원천이에요. 같은 양일 때
탄수화물보다 많은 에너지를
만들 수 있어요.

기름, 버터, 고기, 생선, 치즈 등

탄수화물도
에너지의 원천!

탄수화물은 당으로 분해되어
지질과 마찬가지로 에너지의
원천이 됩니다.
뇌의 에너지가 되는 것은
당밖에 없어요.

쌀, 빵, 면, 감자 등

 ## 두유로 두부피를 만들자!

두부피는 두부를 얇고 단단하게 만들어 면이나 만두소를 감싸는 피로 활용할 수 있어요. 볶음 요리, 탕 요리에 두루두루 들어가는 재료예요.

준비물

- 무첨가 두유 ⋯ 200mL
- 내열 용기 (전자레인지용 용기)

- 긴 젓가락
- 전자레인지

실험 방법

1

내열 용기에 두유를 넣고 전자레인지에 3분 정도(600W 기준) 돌립니다.

* 두유가 흘러넘칠 것 같으면 전자레인지를 잠시 멈춥니다.

2

표면에 막이 생기면 긴 젓가락으로 떠 올립니다. 간장을 뿌려 먹어 보세요.

어떻게 두부피가 생길까?

두유에서 두부피가 생기는 것은 우유에 막이 생기는 것과 같은 원리예요.
두유의 재료는 콩입니다. 콩에도 단백질과 지질이 들어 있어 막이 생깁니다.

 버터와 마가린은
무엇이 다를까?

 버터는 우유,
마가린은 옥수수나 콩으로 만들어.

 닮았지만 완전히 다르네!

버터의 원료는 우유예요.
우유 안에 있는 지질을 따로
분리해 굳혀서 만들어요.
마가린은 옥수수나 콩에서
추출한 기름에 물, 소금, 분유,
비타민 등을 넣어 만들어요.
잘 반죽한 다음, 식혀서 만들지요.

 닮은 듯 다른 음식은 또 뭐가 있을까?

마가린 말고도 게맛살이나 콩고기 등이 있어요.
게살은 게에서 얻을 수 있는 양이 적어요. 따라서 게맛살은
명태 같은 생선 살로 맛과 겉모양을 게살과 비슷하게 만든 거예요.
그리고 소, 돼지, 닭 고기 대신 콩으로 만든 고기도 있어요.
이렇게 닮은 듯 다른 음식을 대체 식품이라고 해요.

콩고기
콩으로
고기 패티를
만들었어요.

게맛살
생선 살 등으로
게살의 색깔, 모양,
냄새를 비슷하게
만든 거예요.

Q 왜 대체 식품이 있을까?

A 여러 가지 이유가 있어요.

 고기, 생선, 유제품, 달걀을 먹지 않는 채식주의자나 음식물 알레르기가
있는 사람이 비슷한 요리를 먹을 수 있도록 하기 위해서예요.

 식량 위기에 대처하기 위해서예요.
지금 세계는 인구수가 갑자기 많이 늘고 낭비가 심해져
음식물이 부족해지고 있어요.
고기로 먹는 소와 게 등은 한정적이기 때문에 대신해서
먹을 수 있는 음식이 필요한 거예요.

우유로 코티지 치즈를 만들어 봐요!

우유는 그대로 두면 금방 상해요. 우유가 상하기 전에 치즈나 버터로 만들어 오래 보관해요.

준비물

- 우유 … 500mL

- 냄비
- 주걱
- 가스레인지
- 냄비 받침
- 믹싱 볼
- 체
- 키친타월

- 식초 … 2큰술

- 소금 … 1g

실험 방법

1

냄비에 우유를 넣고 휘저으면서 끓어오르기 직전까지 데웁니다.

※ 주의! 가스레인지를 쓸 때는 어른과 함께하세요. 데지 않도록 조심합니다.

2

가스레인지를 끄고 냄비를 냄비 받침 위에 올려 둡니다. 식초를 넣고 점액이 생길 때까지 빠르게 휘저으세요.

왜 굳는 걸까?

단백질은 열이나 산을 만나면 쉽게 굳는 성질이 있어요. 식초는 **산성**이라서 우유에 넣으면 점액이 생기면서 뭉쳐요. 식초 대신에 같은 양의 레몬즙을 넣어도 됩니다.

치즈와 버터가 굳는 이유는 왜 다를까?

생크림 안의 지질인 기름 부분은 얇은 막으로 덮여 있어요.
생크림을 페트병에 넣어 흔들면 막이 찢어지면서 기름끼리 달라붙어요.
긴 시간 동안 계속 흔들면 생크림 안의 수분과 지질이 분리되면서
버터가 생깁니다.

버터를 만들어 보세요!

준비물

- 생크림(유지방 45%) ··· 100mL
- 빈 페트병(500mL) ··· 1개
  * 부드러운 페트병이 자르기 쉬워요.
- 가위

※ 주의! 가위를 사용할 때는 어른과 함께하세요.

실험 방법

1. 페트병에 생크림을 넣고 뚜껑을 꼭 닫습니다. 위아래로 5~6분 흔듭니다.

2. 계속 흔들다 보면 갑자기 착! 하고 페트병에 덩어리가 붙는 소리가 들립니다.

3. 소리가 난 후에 10초 정도 더 흔듭니다. 뚜껑을 열고 물을 따라 내요. 페트병에 남아 있는 덩어리가 바로 버터예요. 페트병을 가위로 잘라 버터를 꺼냅니다.

3. 믹싱 볼에 체를 걸치고 키친타월을 깔아요. 그 위에 점액이 생긴 우유를 붓습니다.

4. 키친타월로 잘 감싸 꼭 짜요. 키친타월에는 코티지 치즈가 남고, 믹싱 볼에는 유청이라는 액체가 남아요. 치즈에 소금을 넣어 먹어 보세요.

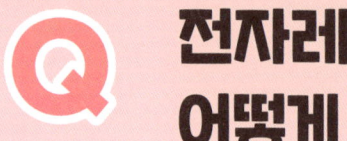

전자레인지는 어떻게 음식을 데울까?

'마찰열'로 데우는 거야.

전자레인지로 음식을 데우는 원리

1 음식이 차가울 때는 물 분자가 천천히 움직여요

음식 안에는 물이 들어 있어요.
물은 물의 작은 알갱이들이 모인 거예요.
이 알갱이를 분자라고 합니다.
음식이 차가울 때는 물 분자가
천천히 움직여요.

2 마이크로파 때문에 분자가 활발해져요

전자레인지를 돌리면 마이크로파라는
전자파가 나와요. 물 분자들이 빠르게
움직이기 시작해요.

― 마이크로파

전자레인지로 음식이 뜨거워지는 이유는 **마이크로파** 때문입니다. 전자레인지에서 나오는 마이크로파가 음식에 닿으면, 음식 안의 물 분자가 맞부딪치면서 뜨거워져요.

> 두 손바닥을 비비면 뜨거워지죠. 이것이 **마찰열** 입니다.

3 분자들이 격렬하게 부딪쳐요

그릇이 돌면서 마이크로파가 음식에 골고루 부딪쳐요. 이때 물 분자도 함께 움직여요.
서로 부딪치면서 열이 발생합니다.

4 음식이 따끈따끈 데워져요

이 열로 음식이 골고루 뜨거워져요.

 # 얼음을 전자레인지로 데우면?

액체 상태의 물은 물 분자가 잘 움직이고,
고체 상태의 얼음은 물 분자가 잘 움직이지 않아요.
전자레인지로 물과 얼음을 동시에 데우는 실험을 해 봐요.

물과 얼음을 동시에 데우면 어떻게 될까?

준비물

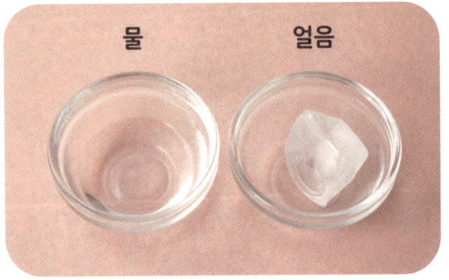

- 물 … 20mL
- 얼음 … 1개
- 내열 용기(전자레인지용 용기) … 2개
- 전자레인지

실험 방법

> 물과 얼음은 어떻게 됐을까? 관찰해 보자!

각각 물과 얼음을 담은 접시 두 개를 같이 전자레인지에 넣습니다.
20초 정도(600W 기준) 데워요.

물은 뜨거워졌는데 왜 얼음은 녹지 않을까?

전자레인지의 마이크로파는 액체 상태의 물은 뜨겁게 만들 수 있지만, 얼음처럼 분자가 잘 움직이지 않는 고체 상태의 물을 데우기는 어려워요. 그래서 얼음이 잘 녹지 않아요.

전자레인지 안전하게 사용하기

전자레인지를 쓸 때는 어른과 함께하세요. 날달걀을 그대로 데우면 폭발합니다! 또 금속이나 알루미늄 포일 등을 전자레인지에 넣고 돌리면 불이 날 거예요. 다칠 위험이 있고 전자레인지가 고장이 날 수 있으니 조심하세요.

마른 상태의 쌀과 물에 담가 불린 쌀을 전자레인지에 돌리면?

준비물

마른 쌀
- 쌀 … 1/2큰술

불린 쌀
- 쌀 … 1/2큰술
- 물 … 1작은술(5mL)
- 내열 용기(전자레인지용 용기) … 2개
- 전자레인지

실험 방법

쌀은 어떻게 됐을까? 관찰해 보자!

각각 마른 쌀과 불린 쌀을 담은 접시 두 개를 전자레인지에 같이 넣습니다. 30초 정도(600W 기준) 데웁니다.

쌀 / 쌀과 물

쌀만 넣으면 뜨거워지지 않는다고?

물이 있으면 마이크로파로 데워지는데, 물 없이 쌀만 넣으면 수분이 부족해서 많이 뜨거워지지 않고 쌀이 부드러워지지도 않아요. 물을 넣은 용기는 쌀이 부드러워집니다.

인스턴트 라면은 어떻게 만들까?

A 면을 만든 다음 익히고 튀기고 건조시켜요.

왜 면을 딱딱하게 만드는 걸까?

인스턴트 라면을 만드는 과정

1 면을 만들어요

밀가루와 간수, 물을 섞어서 반죽을 만들어요. 반죽을 편 다음 얇게 썰어요.

2 면을 익혀요

면을 대형 찜통에 넣고 뜨거운 증기로 익혀요.

뜨거운 물을 부으면?

면 속에 뚫려 있는 작은 구멍에 뜨거운 물이 배어들면서 면이 부드러워져요.

위에서 뜨거운 물을 부어요. 물이 면 사이사이로 들어가면서 전체적으로 스며들어요. 면이 고르게 부드러워집니다.

3 1인분으로 나눠서 튀겨요

면을 1인분으로 잘라서 나누고 기름으로 튀겨요.

4 건조시켜요

면에 바람을 쐬어 건조시킵니다. 기름으로 튀긴 다음 건조시키기 때문에 면의 수분이 빠져나가 오래 보관할 수 있어요.

Q 인스턴트 된장국이나 스프는 어떻게 만들까?

A 얼린 다음에 건조시키는 <u>동결 건조</u>라는 방법으로 만들어요. 수분을 없애서 오래 보관할 수 있지요.

동결 건조 방법

1. 수분이 있는 음식이나 재료를 기계에 넣고 -30℃ 정도 온도로 매우 빠르게 얼립니다.

2. 음식 속 공기를 빼서 공기가 최대한 적은 상태로 만듭니다.

3. 음식을 건조시켜 수분을 빼 줍니다.

우주 식량도 동결 건조 방법으로 만들어요

동결 건조 음식은 수분이 거의 없어서 잘 썩지 않아요. 지진 같은 재해가 일어났을 때 먹을 수 있도록 오랜 기간 보관할 수 있어요. 뜨거운 물을 붓기만 하면 맛있게 먹을 수 있지요. 게다가 가벼워서 우주에도 가져가기 편리합니다.

해 보세요!

인스턴트 라면에 찬물을 부어 보자!

지진이 일어나 가스와 전기가 끊겨 물을 끓일 수 없을 때, 인스턴트 라면에 찬물을 부어도 먹을 수 있을까요?

라면에 찬물을 부어도 면이 부드러워질까? 먹을 수 있을까? 비교해 보자.

찬물보다 뜨거운 물에서 면이 더 빨리 부드러워져요!

라면에 뜨거운 물을 부으면 물 분자가 활발해지면서 면 속의 작은 구멍으로 물이 스며듭니다. 따라서 뜨거운 물에서 면이 더 빨리 부드러워집니다.

 통조림에 든 음식은
왜 상하지 않을까?

 통조림 캔에 음식을 넣은 다음
살균하기 때문이야.

 세균이 들어가지 못하게 막는 거구나!

통조림 속 음식이 썩지 않는 이유는 음식을 캔에 채운 다음 안에 있는 균과 **미생물**을 살균하기 때문입니다. 살균은 균이 없는 무균 상태로 만드는 것을 말해요.
새로운 균이나 미생물이 밖에서 들어오지 않는 한, 음식은 썩지 않아요.

통조림 만드는 법

1
캔에 음식물을
채웁니다.

»

2
안에 있는
공기를 뺍니다.

»

3
열을 가합니다.

»

완성!
4
균이 들어가지 않고
오래 보관할 수 있어요.

썩는다는 건 무엇일까?

세균이나 미생물은 살기 위해 음식을 먹어요. 이때 세균 등이 먹은 음식은 성분이 바뀝니다. 성분이 바뀌면 사람이 먹을 수 없는 상태가 되지요. 썩거나 상한 것을 먹으면 몸이 아플 거예요.

이상한 냄새!

Q 음식을 상하지 않게 하는 다른 방법은?

 음식이 상하지 않게 하려면 세균과 미생물이 살지 못하도록 해야 합니다. 이런 방법이 있어요.

말리기

미생물이 살아가려면 수분이 필요해요.
음식을 말려서 수분을 줄이면 잘 상하지 않아요.

건어물

소금이나 설탕 넣기

음식에 소금이나 설탕을 많이 넣으면, 음식 안에 있던 수분이 밖으로 나와요. 수분이 적어진 음식 안에서는 세균이나 미생물이 살기 어려워지지요.

잼

발효

음식을 썩게 하는 미생물이 아니라,
사람이 먹어도 괜찮은 미생물을 늘린 거예요.
맛이나 영양을 더 좋게 바꿔 주는 미생물을
늘려서 음식이 썩지 않게 해요.

요구르트

식초에 절이기

세균이나 미생물 중에는 산성액(신맛이 나는 액체)
안에서 살지 못하는 것들도 있어요.
그래서 식초는 음식을 오래 보관할 때
자주 쓰여요.

피클

먹을 것이 떨어지지 않도록 저장식을 만들게 되었어요

사람은 음식을 오래 먹을 수 있도록
먼 옛날부터 저장식을 만들어 왔어요.
오래 보관하며 먹는 음식을 저장식이라고 합니다.

저장식은 이럴 때 필요해요

- 추우면 먹을 것을 얻기 어려워져요.
  따뜻할 때 저장식을 준비해요.
- 멀리 떠날 때 가져갈 음식을 만들어요.
- 비상식량이나 우주 식량으로 쓰이면서
  더 다양하고 맛있는 음식을 개발하게
  되었어요.

꼬르륵

우리 몸의 수수께끼

우리는 물체를 어떻게 눈으로 볼 수 있는 걸까요?
어떻게 귀로 소리를 듣는 걸까요?
눈, 코, 입, 귀, 몸, 머리카락 등
우리 몸에는 수수께끼가 가득해요!

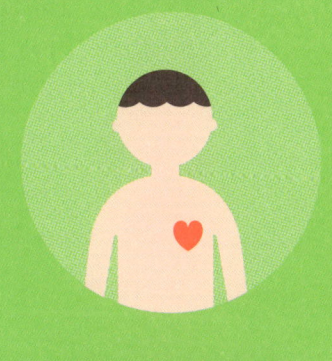

 **아기는 자그마한데 어른은 왜 클까?**

 **비밀은 바로 DNA!**

DNA?
대체 DNA에는 무엇이 들어 있을까?

우리는 DNA라는 몸의 설계도를 갖고 태어납니다.
이 설계도에 따라 먹고 잠자고 몸을 만들며 성장합니다.

'DNA'란 무엇일까?

모든 생물은 'DNA'를 갖고 있어요.
DNA에는 중요한 유전 정보가
들어 있어요.
이는 생물의 몸이 어떤 특징을
가졌는지 알려 주는, 성장을 위한
설계도 같은 것이에요.

눈에는 보이지 않는 DNA

DNA는 매우 작아요.
예를 들어 태블릿을 쓸 때 글자나 그림을 크게 보려고 두 손가락으로 벌려서 확대할 거예요. DNA를 보려면 몇만 번은 확대해야 겨우 보이는 셈이에요.

조직

생물의 심장, 위, 치아 등을 만드는 세포가 모인 것을 조직이라고 합니다.

세포

몸의 조직에는 작게 나뉜 방이 매우 많습니다. 그 방을 세포라고 불러요.

핵 속 염색체

세포는 세포 분열(세포가 나뉘는 현상)을 해요.
그때 세포 중심에 있는 핵 속에 X 자 모양이 보여요.
이것을 염색체라고 불러요.

DNA

DNA는 생물의 세포 안의 핵과 미토콘드리아 속에 있어요.
사다리를 비튼 모습이지요.
DNA 안에 '유전 정보'가 들어 있어요.

유전 정보에는 이런 것이 들어 있다!

생물의 특징이 담긴 정보

유전 정보에는 뼈의 개수, 뇌의 크기 등, 생물의 특징이 담겨 있어요.
그리고 유전 정보는 아버지와 어머니에게 반반씩 받아요.

그래서 아이들은 아빠랑 엄마를 닮는구나!

'언제 어떤 몸을 만드는가' 성장을 위한 정보

사람의 몸을 만드는 세포는 처음에 1개부터 시작해서 보통 60조 개(6 뒤에 0이 13개 있음)까지 늘어납니다. 아기가 자라서 학생이 되고 성인을 거쳐 노인이 될 때까지, 유전 정보에 따라 몸이 만들어져요.

이는 왜 빠지고 다시 날까?

 성장하면서 턱은 커지지만, 치아는 어느 정도까지만 커져요. 아기 때 나는 유치를 그대로 갖고 있으면 이가 작아서 음식을 잘 씹지 못할 거예요. 그래서 턱이 어느 정도 커졌을 때 유치가 빠지고 큰 영구치가 새로 나요. 개수도 늘어나요. 이렇게 이가 빠지고 다시 나는 일을 이갈이라고 해요.

어린이 20개
어른 28개
(사랑니가 나면 32개)

 ## 키는 어떻게 자랄까?

 키가 큰다는 것은 뼈가 자란다는 뜻이지, 뼈의 개수가 늘어나는 것이 아니에요. 뼈의 양쪽 끝에는 아직 굳지 않은 부분이 있는데, 이 부분이 늘어나면서 키가 자라는 거예요.

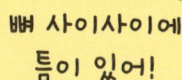
뼈 사이사이에 틈이 있어!

 **음식을 먹으면
왜 똥이 마려울까?**

 **소화시키고 남은 찌꺼기가
똥으로 나오기 때문이야.**

 음식이 똥이 되는 거야?

사람은 스스로 영양소를 만들 수 없어요.
그래서 음식을 먹어 영양을 섭취하지요.
이때 영양으로 바뀌지 못한 음식이
찌꺼기로 남게 돼요.
찌꺼기가 몸에 쌓이고 똥이 되면
몸 밖으로 내보내는 거예요.
똥을 싸지 않고 참으면 배가 아프고
변비에 걸려요.

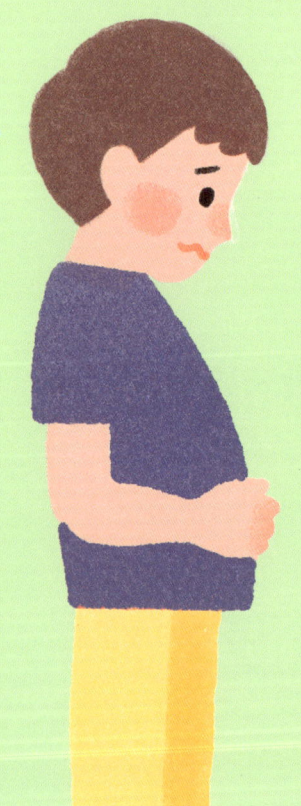

'영양'이란 무엇일까?
음식을 먹고 소화하고 배설하기까지
거치는 모든 과정을 영양이라고 해요.
영양을 만들어 내는 것이 영양소예요.

똥 냄새가 지독한 이유

똥 냄새가 지독한 이유 중 하나는 마늘이나 파처럼 향이 강한 음식을 먹었기 때문이에요. 고기같이 단백질이 많은 음식을 과하게 먹으면 암모니아처럼 냄새를 나게 하는 성분이 늘어나서 더 지독해지지요.

먹은 음식의 양보다 나오는 똥이 더 적어요

아침, 점심, 저녁으로 세 끼를 먹고 나서 하루에 똥으로 나오는 양은 어른과 아이 모두 비슷하게 150~250g 정도예요. 밥 한 그릇 정도의 양이에요. 몸이 영양소를 잘 흡수했기 때문에 적게 나오지요.

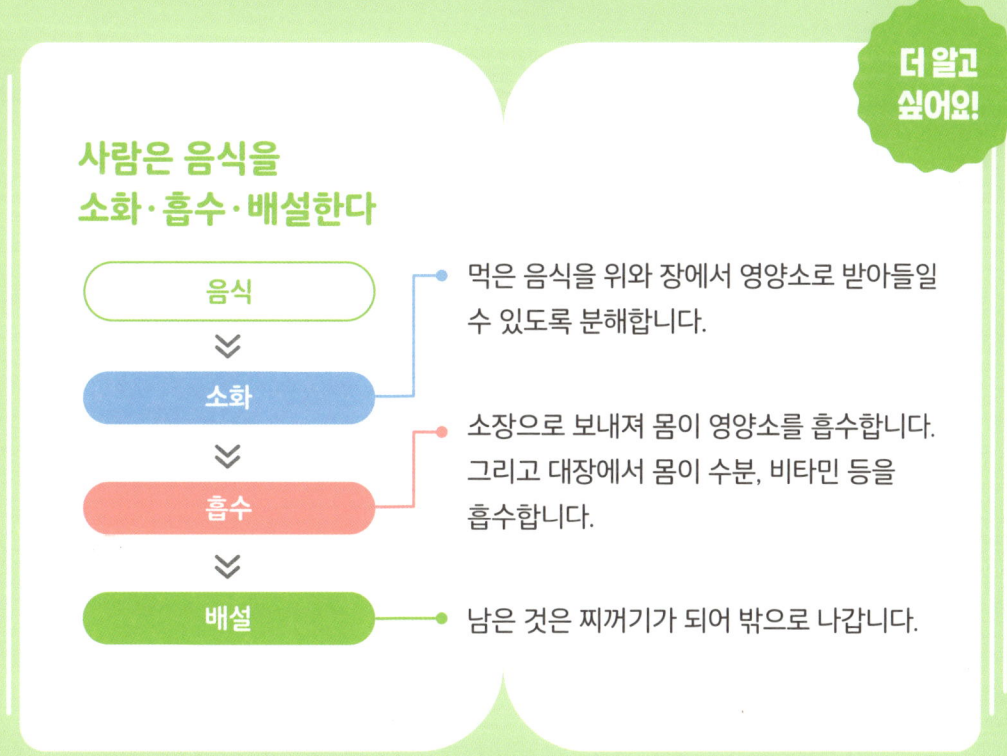

더 알고 싶어요!

사람은 음식을 소화·흡수·배설한다

- 음식
- ⌄
- 소화 — 먹은 음식을 위와 장에서 영양소로 받아들일 수 있도록 분해합니다.
- ⌄
- 흡수 — 소장으로 보내져 몸이 영양소를 흡수합니다. 그리고 대장에서 몸이 수분, 비타민 등을 흡수합니다.
- ⌄
- 배설 — 남은 것은 찌꺼기가 되어 밖으로 나갑니다.

음식물이 똥으로 나오기까지

우리의 몸에는 소화관이 있어요.
소화관은 입에서 식도, 장, 그리고 항문까지
하나로 이어져 있어요.
그 길이가 약 9m나 돼요.

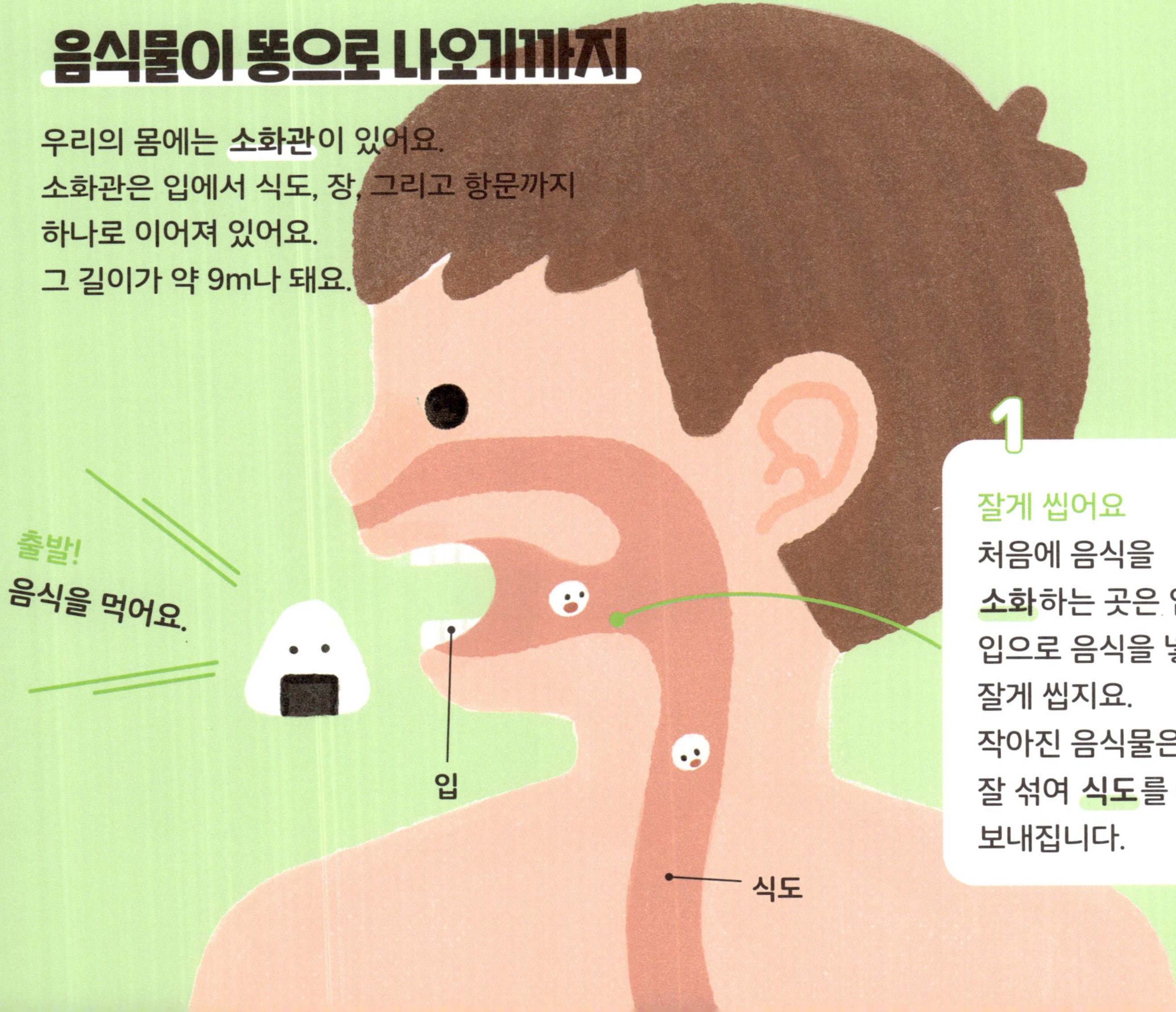

출발!
음식을 먹어요.

1 잘게 썰어요

처음에 음식을
소화하는 곳은 입이에요.
입으로 음식을 넣고 치아로
잘게 썰지요.
작아진 음식물은 타액(침)과
잘 섞여 식도를 통해 위로
보내집니다.

식도

입

102　우리 몸의 수수께끼

2 소화를 해요

식도를 통해 위로 들어온 음식물은 위액과 섞이며 녹습니다.

3 영양소를 흡수해요

소장에서는 많은 영양소가 분해됩니다. 그리고 모세 혈관으로 흡수되지요. 흡수된 영양소는 몸속으로 옮겨져요.

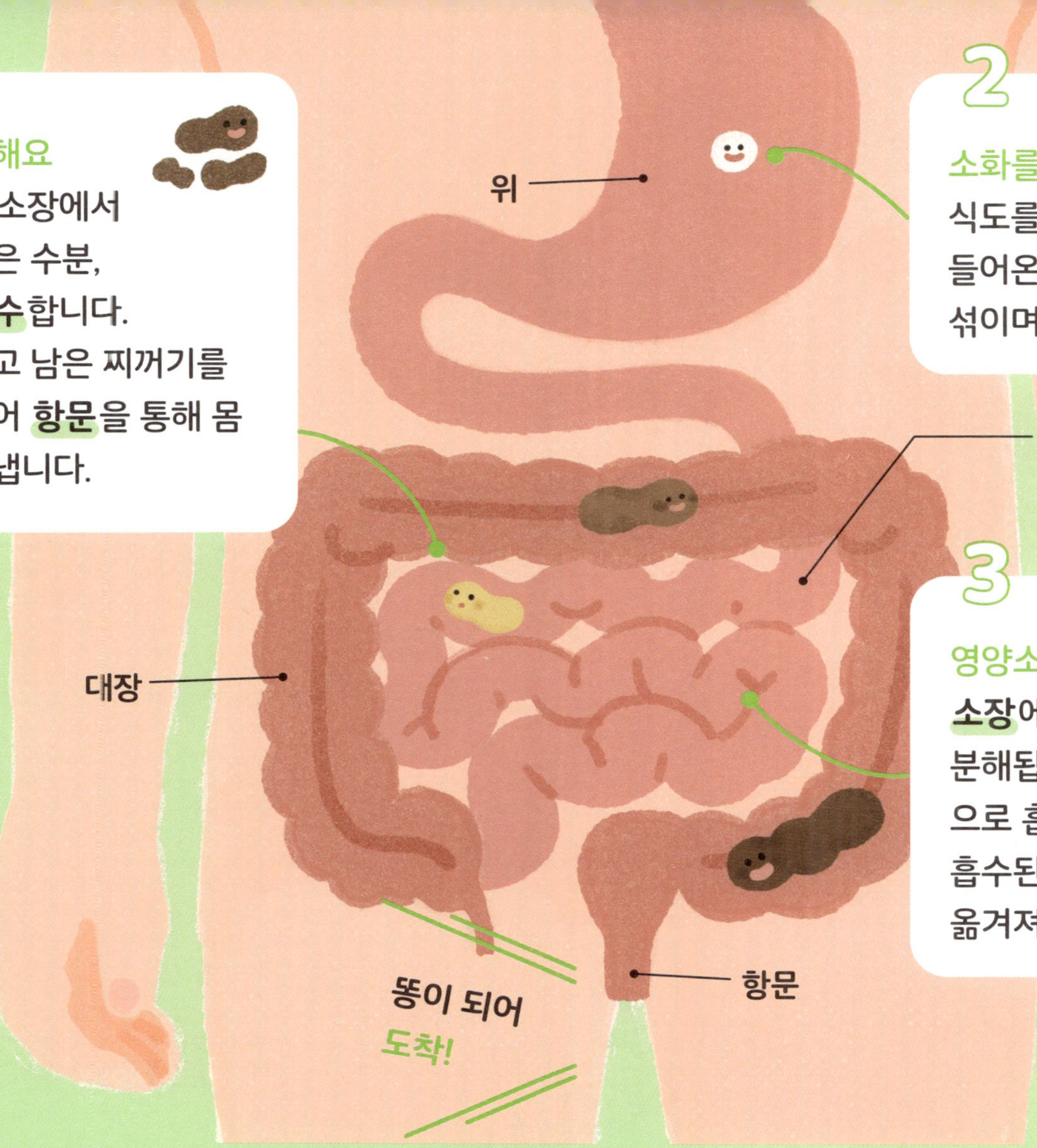

4 수분을 흡수해요

대장에서는 소장에서 흡수되지 않은 수분, 미네랄을 흡수합니다. 소화되지 않고 남은 찌꺼기를 똥으로 만들어 항문을 통해 몸 밖으로 내보냅니다.

- 위
- 소장
- 대장
- 항문

똥이 되어 도착!

103

 배가 고프면
왜 꼬르륵 소리가 날까?

 음식물이 공기와 섞여
위나 소장을 지나갈 때
소리가 나요.

 배가 고플 때만
소리 나는 게 아니구나!

위의 속은 3~5시간 정도 지나면
텅 비게 돼요.
텅 빈 위벽의 근육이 움직이면서
꼬르륵하고 소리가 나지요.
그리고 장에서는 음식물이 자잘하게
쪼개질 때 가스가 나와요.
가스 때문에 장의 벽이
움직이며 소리를 내지요.
배에서 꼬르륵 소리가 나는
이유가 꼭 배가 고파서만은
아니랍니다.

꼬르륵!

위가 뇌에게 '똥을 싸!'라고 알려 줘요

위에 음식물이 들어오면, 위는 뇌에게
'똥을 싸!'라고 명령을 보냅니다.
뇌는 그 명령을 장으로 보내요.
장에서 소화와 흡수를 끝내면,
똥이 항문을 통해 몸 밖으로 나가게 돼요.

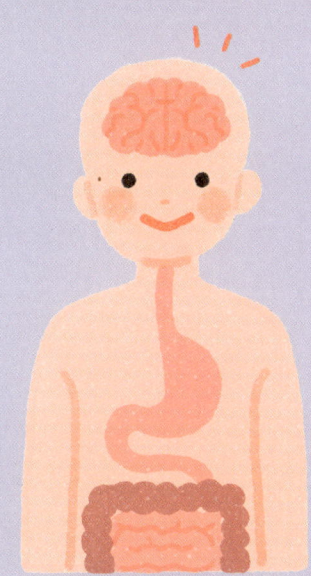

 트림은 왜 나올까?

밥을 먹을 때는 음식과 함께
공기도 같이 삼키는데,
그대로 위로 내려가요.
그 공기가 다시 거슬러 올라와
입으로 나오는 것을 '트림'이라고 해요.
위로 들어간 공기가
장까지 가고, 장에서 생긴 가스와 같이
항문을 통해 나가는 것을
'방귀'라고 하지요.

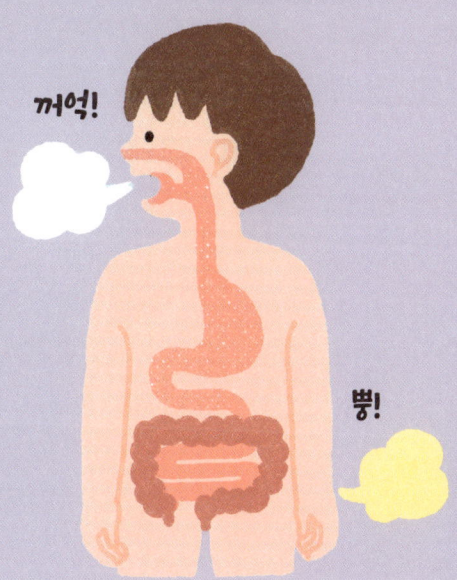

하품은 왜 나올까?

A 여러 가지 이유가 있지만,
그중 하나는 '머리를 식히기 위해서'입니다.
졸음이 쏟아질 때 뇌는 뇌에 많은 피가 돌게 해요.
이때 피가 돌면서 뇌의 온도가 올라가요.
온도가 올라가면 뇌가 다칠 위험이 높아져요.
하품으로 공기를 빨아들여서
코안에 있는 피의 온도를 낮추지요.
그리고 그 피를 뇌로 보내
뇌의 온도를 낮춥니다.

나도 하품한다냥~

 ## 하품을 하면 왜 눈물이 날까?

A 눈물은 윗눈꺼풀 안에 있는 **눈물샘**에서 만들어져요.
하품을 하면 눈물샘이 수축하면서
눈물을 밖으로 내보내요.
눈을 깜박이면 눈물이 눈의 표면에
얇게 퍼지면서 눈을 적셔요.
눈물은 10퍼센트 정도만 증발하고
나머지는 눈구석에 있는 **눈물점**으로,
눈물점에서 콧속으로 보내져요.

눈물샘
눈물점

딸꾹질은 왜 할까?

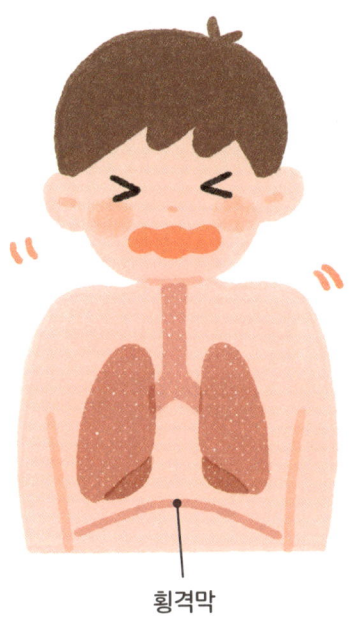

A 음식을 갑자기 많이 먹거나 탄산음료를 단번에 마실 때 딸꾹질을 해요.
횡격막(호흡할 때 쓰이는 근육)이 움찔하거나 흔들려도 딸꾹질을 해요.

횡격막

 땀은 왜 날까?

A 여름에 덥거나 운동해서 몸이 뜨거워질 때, 감기로 열이 날 때 몸에서 땀을 흘립니다.
땀은 체온을 36.5℃ 정도로 조절하는 매우 중요한 역할을 해요.
땀이 나면 피부 위에서 수분이 마르면서(기화되면서) 몸의 열을 빼앗아 체온이 떨어지지요.

개는 혓바닥을 내밀어서 체온을 조절해!

Q 찬 것을 먹으면 왜 머리가 띵할까?

A 혈관이 부풀어 오르고 주변을 눌러서 그래.

피랑 관련이 있으려나?!

빙수를 먹으면 머리가 띵해지는 원리

1 차가운 빙수를 먹으면 목이나 입안이 갑자기 차가워집니다. 주변 혈관이 수축해요.

3 뇌에 피가 많이 흐르면 혈관이 부풀어 오릅니다.

2 수축한 혈관 쪽으로 뇌가 따뜻한 피를 더 많이 흘려 보내요. 몸을 따뜻하게 하려고 합니다.

4 부풀어 오른 혈관이 주변을 꾹 누릅니다. 주변이 눌리면서 머리가 띵해지는 것이지요.

폭신폭신한 빙수를 만들어 보자

폭신폭신한 빙수를 천천히 조금씩 먹으면 머리가 띵하지 않아요.

준비물

• 물 … 200mL

• 얼음 틀

• 설탕 … 3큰술
• 시럽
• 빙수기

※ 주의! 빙수기를 사용할 때는 어른과 함께하세요.

실험 방법

1

물에 설탕을 넣어 녹입니다.

2

①을 얼음 틀에 넣고 얼립니다.
완성된 얼음을 빙수기에 넣고 갈아요.
위에 달콤한 시럽을 뿌리면 빙수 완성!

왜 폭신폭신해졌을까?

얼음을 그대로 얼리면 물의 분자 사이에 틈이 생기지 않아요.
그 상태로 얼음을 갈면 크고 거친 얼음덩어리가 됩니다.
하지만 설탕물을 얼리면 설탕이 물의 분자 사이에 들어가 틈이 많아져
부드러운 얼음을 만들 수 있어요.
부드러운 만큼 쉽게 갈려 폭신폭신한 빙수가 완성되지요.

 **피는 몸속에서 무슨 일을 할까?**

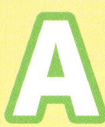 **몸 구석구석으로 산소와 영양소 등을 옮겨 줘.**

피는 혈액이라고도 해요.
피는 몸속의 혈관이라고 하는
길을 지나갑니다.
피는 몸 구석구석까지 산소,
이산화 탄소, 영양소,
오래된 세포 등을 옮겨 줘요.

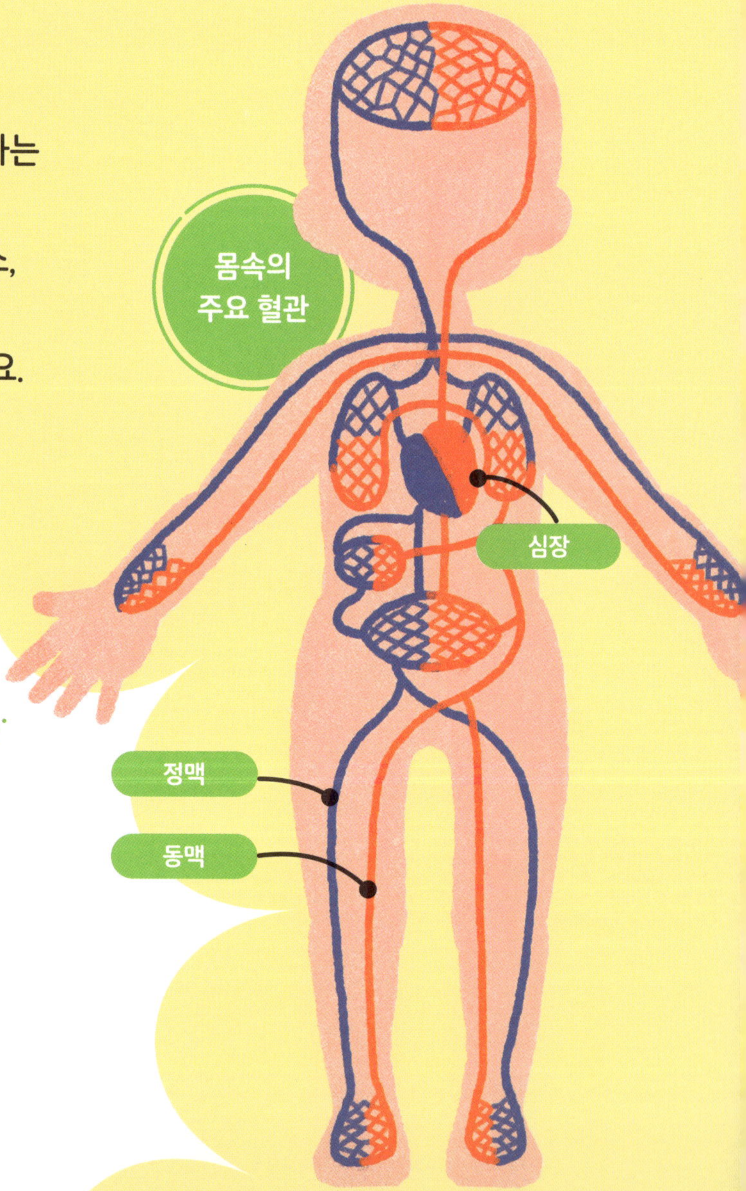

몸속의 주요 혈관

심장

정맥

동맥

몸속의 혈관 길이를 합치면 지구를 두 바퀴 반이나 돌 수 있다!

심장

심장은 몸속에 피를 돌게 하는 펌프 역할을 합니다.
심장에는 피가 돌아오는 **심방**과 피를 내보내는 **심실**이 있어요.

동맥

심장에서 몸 전체로 피를 보내는
혈관이 **동맥**이에요.
산소가 많이 들어 있어서 붉은색을 띠고
있지요.

정맥

몸 전체에 퍼져 있던 피를 심장으로
돌아오게 하는 혈관이 **정맥**이에요.
산소가 많지 않고 이산화 탄소가 많이
들어 있어 어두운 푸른색을 띠고 있지요.

혈관 속 모습

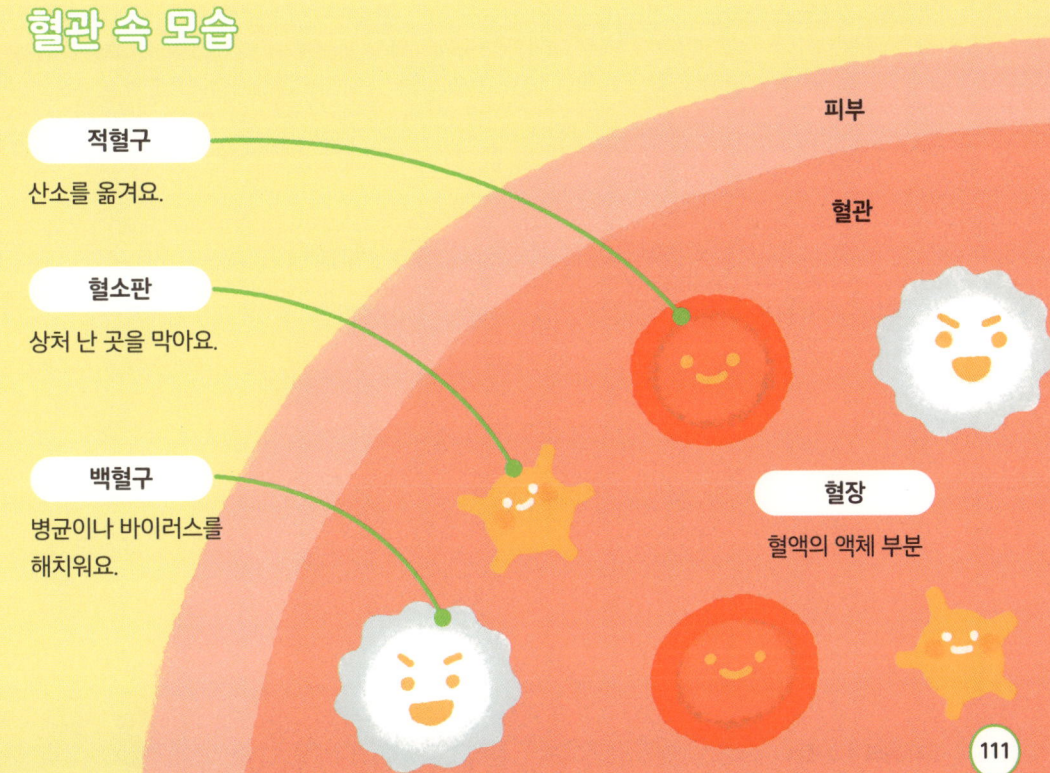

적혈구
산소를 옮겨요.

혈소판
상처 난 곳을 막아요.

백혈구
병균이나 바이러스를
해치워요.

피부

혈관

혈장
혈액의 액체 부분

Q 눈은 어떻게 물체를 볼까?

A 눈으로 물체를 볼 수 있는 원리를 살펴보자!

눈으로 물체가 보이기까지

빛은 **각막**과 **수정체**를 지나
망막이라는 막 위에
시각 정보를 비춥니다.
그 정보를 **시신경**(빛에 반응하는
신경)이 뇌에 전달합니다.
그러면 우리는
'물체가 보였다'라는 것을 알게 되지요.

물체는 반전된 모습으로 망막에 비쳐요

망막에는 상하나 좌우가 반전된(뒤바뀐) 모습으로 물체가 비쳐요.
세상을 반전된 채로 보면 살아갈 때 불편하겠지요.
그래서 망막이 뇌에 정보를 전달한 후에
뇌가 바른 방향으로 고쳐 생각합니다.

3. 뇌

망막에 비친 물체를 시신경이 감지하고 뇌에 전달합니다. 망막의 물체는 반대로 들어오지만, 뇌가 바른 방향으로 고칩니다.

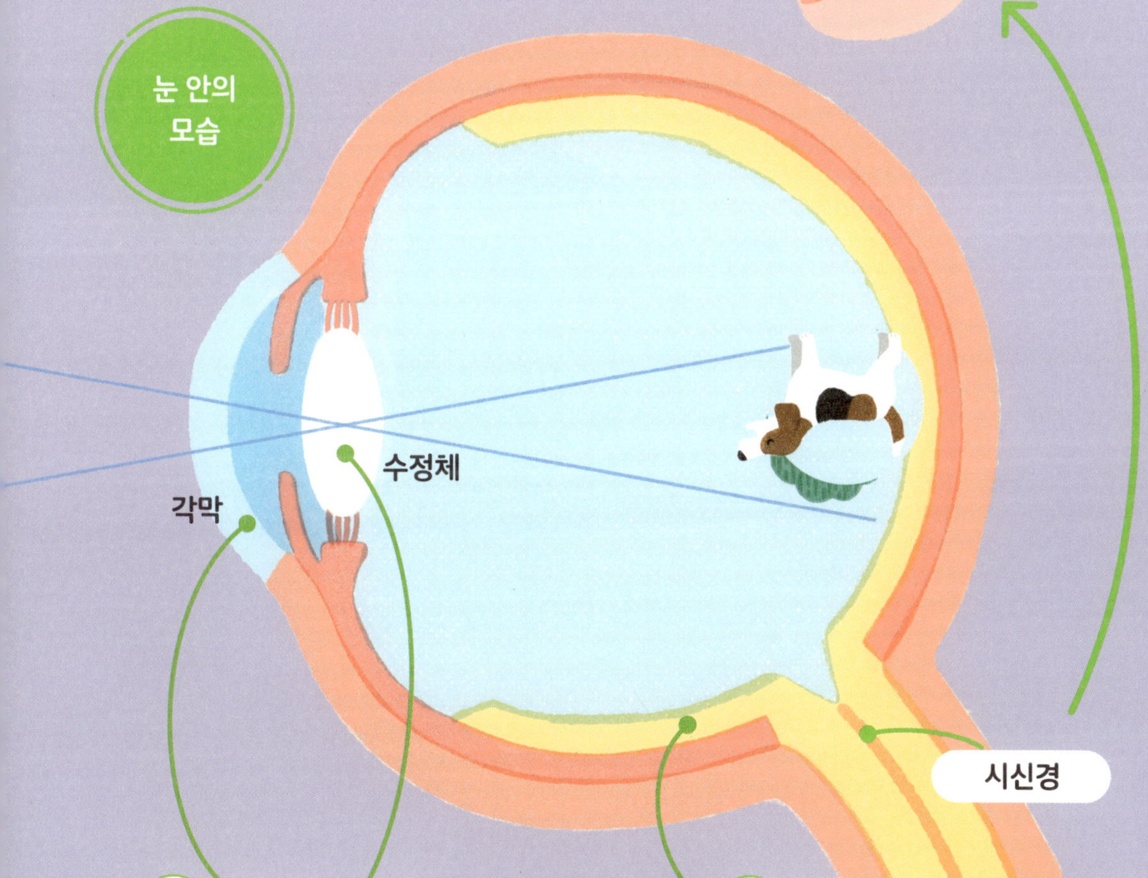

눈 안의 모습

- 각막
- 수정체
- 시신경

1. 각막·수정체

각막·수정체는 눈에 들어온 빛을 잘 굴절해서 망막 위에 물체가 들어오도록 초점을 맞추는 역할을 해요. 카메라로 따지면 수정체는 렌즈 역할이지요.

2. 망막

망막 위에 눈에 들어온 물체 모양이 맺혀요. 망막은 빛을 디지털 신호로 바꿔 주는 디지털카메라의 센서와 같아요.

 # 보인다? 보이지 않는다? 왜 달라 보일까?

한쪽 눈을 가리고 물체를 보면 뭐가 달라질까요?
어떻게 달라 보이는지 실험을 통해 살펴보세요.

눈앞에서 갑자기 사라져요!

실험 방법

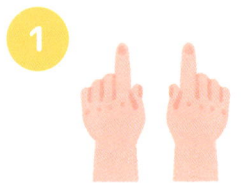

1. 눈앞에 양손 검지를 나란히 세웁니다. 한쪽 눈을 감아 봅니다.

2. 왼손 검지에 시선을 고정하고 오른손은 오른쪽으로 이동합니다.

3. 오른손 검지가 갑자기 보이지 않을 거예요. 그 부분이 맹점이에요.

왜 안 보일까?

우리 눈에는 빛에 반응하는 시신경이 있어요. 시신경이 정보를 뇌에 전달해서 물체를 볼 수 있지요. 눈의 망막 위에 시신경들이 모여 있는 곳을 **맹점**이라고 해요. 이 맹점에 물체가 비쳐도 볼 수 없지요. 평소에는 양쪽 눈으로 보기 때문에 맹점이 있다는 것을 알아차리지 못한답니다.

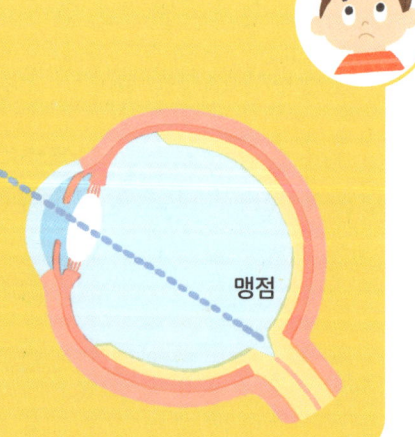

한쪽 눈으로 보고 양쪽 눈으로 보고

실험 방법 책을 손에 들고 얼굴에 가까이 댑니다.
눈을 한 쪽씩 감아 보세요. 책이 어떻게 보이나요?

오른쪽 눈으로 보기　　왼쪽 눈으로 보기　　양쪽 눈으로 보기

더 알고 싶어요!

눈이 두 개 있는 이유

물체를 볼 때 오른쪽 눈과 왼쪽 눈에 거의 비슷한 형체가 비치는데, 사실 조금씩 달라요.
양쪽 눈으로 보더라도 우뇌에는 오른쪽(물체 기준) 절반의 정보가 들어오고, 좌뇌에는 왼쪽 절반의 정보가 들어오지요. 오른쪽 절반의 정보와 왼쪽 절반의 정보를 뇌에서 합쳐 전체를 봤다고 느끼는 거예요. 전체가 합쳐졌을 때 물체의 형태를 입체적으로 보거나 가깝고 먼 거리감을 느끼지요.

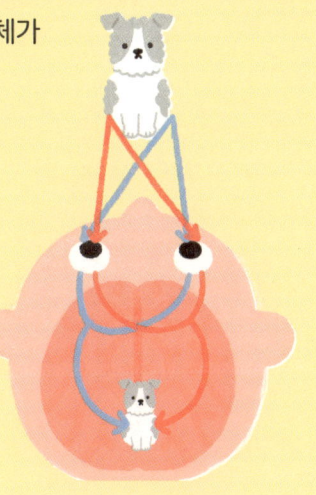

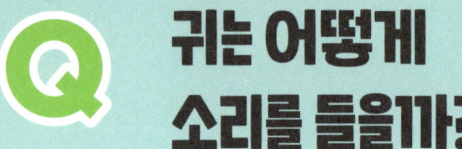

Q 귀는 어떻게 소리를 들을까?

A 귀가 소리를 듣는 원리를 살펴보자.

 어떻게 들린다는 것을 알 수 있는 걸까?

소리가 들리기까지

소리의 정체는 사실 공기의 진동입니다.
공기의 진동이 귀에 들어와 외이, 중이, 내이로 전달돼요.
그리고 전기 신호로 바뀌어 뇌로 들어가지요.
뇌로 들어갔을 때 비로소 '소리가 들렸다'라는 것을 알 수 있어요.

야호!

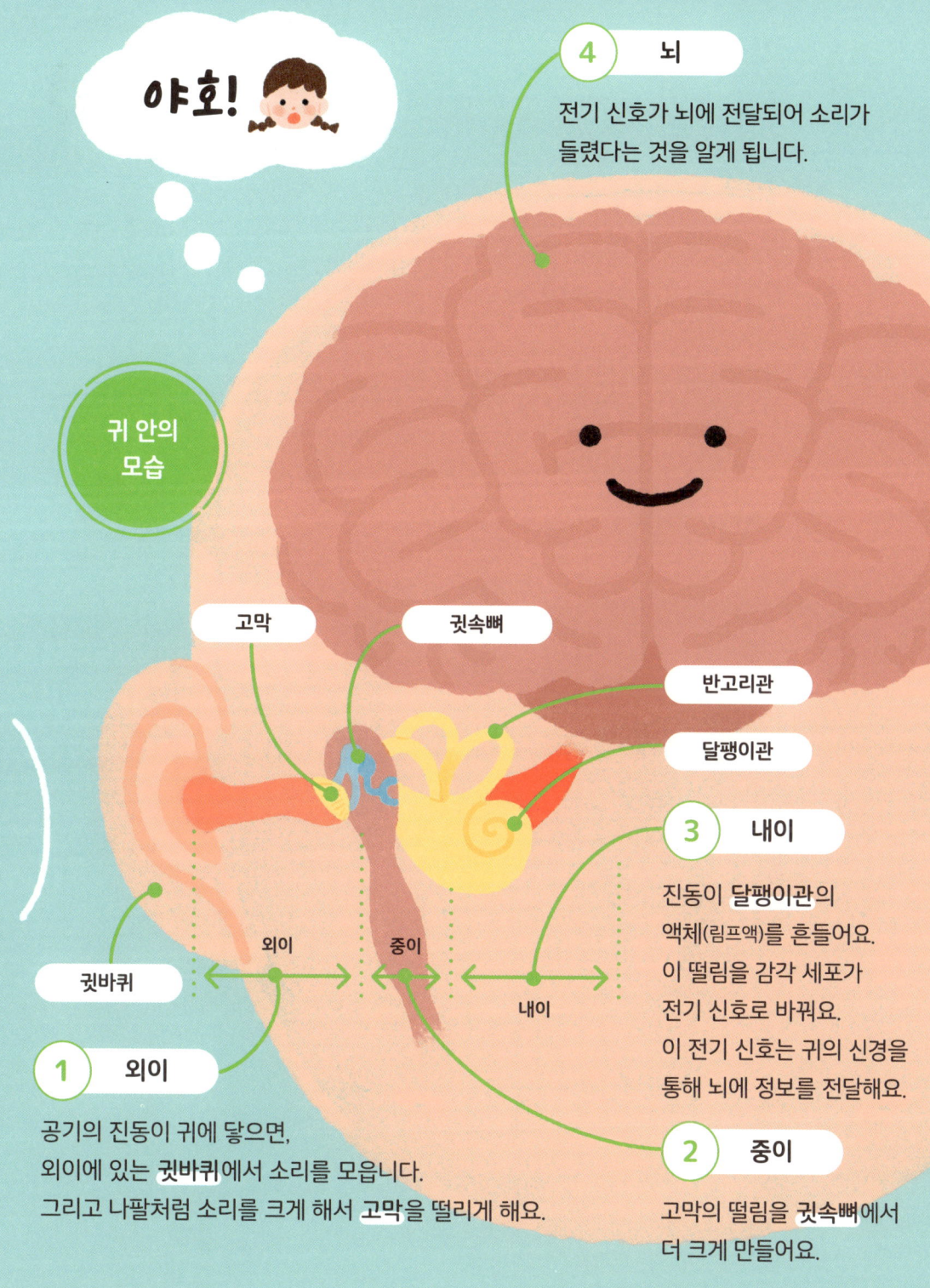

Q 귀 모양은 왜 사람마다 다를까?

A 귀 모양은 사람에 따라 달라요.
귀는 태어난 후 세 살까지 80% 정도
성장하고 17세쯤에 성장이
멈춘다고 합니다.
그 후에는 크게 달라지지 않기 때문에
귀 모양으로 사람을 구별할 수 있다고 해요.

엄마 아빠 귀와
내 귀를 비교해 봐!

사람에 따라 목소리가 다르다?!

목소리는 목 안에 있는 **성대**가 떨면서
나는 소리예요. 목에서 입까지 이어진
길이 울리면서 소리가 나지요.
목소리는 성대가 얇을수록
높은 소리가, 성대가 두꺼울수록
낮은 소리가 납니다.
목소리의 크기는 성대의 떨림이
클수록 더 커지지요.
목소리의 음색은 성대, 목, 입의 크기와
형태에 따라 정해지기 때문에
사람에 따라 목소리가 다른 것이에요.

성대
목 안에 공기가 지나다니는
길이에요. 성대가 떨리면서
목소리가 나옵니다.

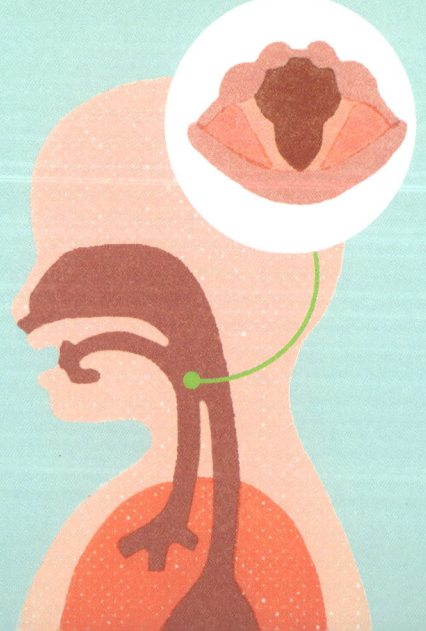

# 소리가 나는 위치를 맞혀 보자

사람은 위험으로부터 몸을 지키기 위해
오른쪽 귀와 왼쪽 귀에 소리가 닿는 시간의 차이로
소리가 어디에서 나는지 판단해요.
실험으로 확인해 보세요.

실험 방법

가족 또는 친구의 머리 뒤에서
손뼉을 쳐요. 오른쪽에서 들렸는지
왼쪽에서 들렸는지 맞혀 보라고 해요.

소리 나는 위치를 어떻게 아는 것일까?

오른쪽 귀와 왼쪽 귀는 소리가 도달하는 시간에 약간 차이가 있어요.
뇌가 그 차이를 분석해 소리가 난 곳을 판단하지요.
영화관에 가면 스피커가 좌석을 둘러싸듯이 오른쪽, 왼쪽, 뒤에 놓여 있어요.
소리가 여러 방향에서 들려오면 마치 영화 속에 있는 듯한 기분이 들지요.
영화관에 가면 스피커가 어디에 있는지 한번 찾아보세요.

코는 어떻게 냄새를 맡을까?

코가 냄새를 맡는 원리를 살펴보자.

냄새는 왜 눈에 안 보이지?

코안의 점막에는 냄새를 감지하는 세포가 있어요.
사람에게는 냄새 감지 세포가 약 500만 개 있어요.
신경을 통해 냄새 정보를 전달하고, 뇌에서 냄새를 판단한답니다.

냄새의 정체는?

꽃이나 요리 등에는 냄새 분자가 있어요.
냄새 분자가 공기 중에 떠다니며
냄새가 나게 하는 거예요.

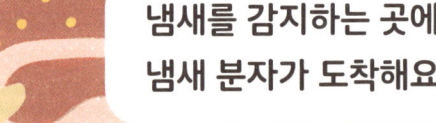

1 냄새 분자가 코로 들어가요

2 냄새를 감지하는 곳에 냄새 분자가 도착해요

3 뇌에 전달돼요

개는 냄새를 얼마나 잘 맡을까?

개는 냄새를 맡아 구분하는 능력이 사람보다 40~50배나 더 뛰어납니다.

멀리서도 냄새를 맡을 수 있지!

사람과 함께 일하는 개들

개 중에는 냄새를 더욱 잘 맡게 훈련을 받아 사람의 일을 도와주는 개들이 있어요.

경찰견

범인의 냄새를 맡거나 행방을 알 수 없는 사람, 사물 등을 찾아냅니다.

구조견

건물의 잔해 속에 파묻힌 사람을 찾아서 구해 줍니다.

개보다 코끼리가 냄새를 더 잘 맡는다!

아프리카코끼리는 냄새를 감지하는 세포의 수가 개보다 2배 더 많습니다. 몇 km 멀리 떨어진 곳에 물을 마실 곳이 있다는 사실도 냄새로 알아내지요.

콧물은 어디에서 나올까?

A

코안에 이물질이 들어가 코의 점막에 염증이 생기곤 합니다.
이때마다 코는 점액을 많이 만들어 내서 이물질을 몸 밖으로 내보내려고 합니다.
이것이 바로 콧물이에요. 콧물은 이물질에 따라 끈적끈적한 노란색이거나 투명하거나 색이 달라져요.

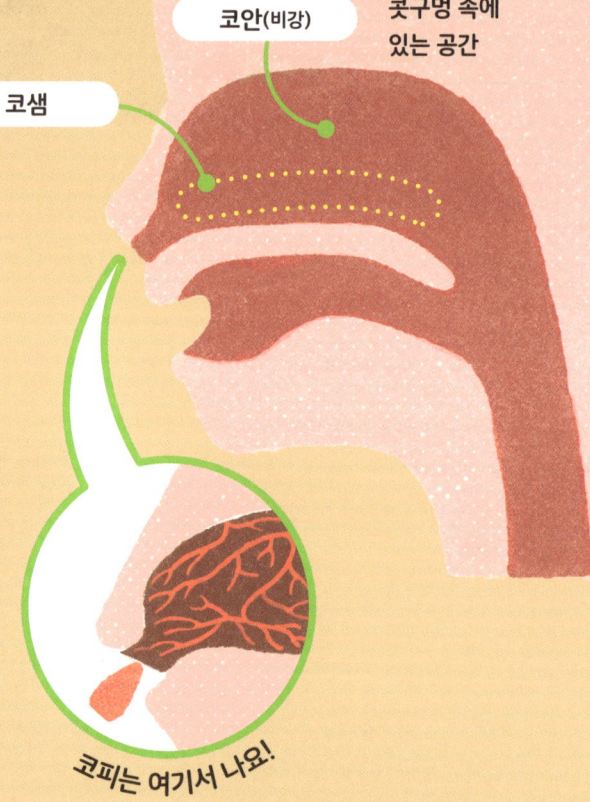

코끝 쪽에 있는 모세 혈관은 무척 얇아서 끊어지기 쉬워요.
콧구멍에 손가락을 넣어 세게 후비적거리면 혈관이 터져서 피가 나지요.

코딱지는 공기를 떠다니는 먼지가 굳은 것

코딱지는 공기를 떠다니는 먼지, 곰팡이, 꽃가루, 세균, 바이러스 같은 찌꺼기들이 코의 안쪽 점액과 만나 굳은 것이랍니다. 몸에 들어가면 병에 걸릴 수 있기 때문에 몸 안으로 들어가지 않도록 막아 줘요.

코를 막고 음식을 먹어 보자!

> **실험 방법**

◉ 코를 막고 먹기

무슨 맛이 나는지 알 수 있을까요?
코를 막지 않고 먹을 때와 비교해 봐요.

◉ 코를 막고 마시기

사과 주스와 복숭아 주스처럼 색깔이나
맛이 비슷한 주스를 준비해요.
무슨 주스인지 알 수 있을까요?
코를 막지 않고 마실 때와 비교해 봐요.

◉ 코를 막고 눈도 감고 먹기

냄새와 맛만으로 무엇을 먹는지
알 수 있을까요?

왜 평소처럼 맛을 느끼지 못할까?

사람은 혀에서 느끼는 맛뿐만 아니라 코로 들어오는 냄새도 합쳐서 맛을 판단해요. 유튜브나 TV 프로그램에서 종종 눈을 가리고 먹은 다음 무슨 음식인지 맞히는 방송을 해요. 만약에 눈뿐만 아니라 코도 막으면 무엇인지 맞히기가 꽤 어려울 것 같지요?

 **기쁠 때나 슬플 때
왜 눈물이 날까?**

 **눈물을 흘려서
마음을 진정시키는 거야.**

울면 개운해지더라!

정말 기쁘거나
너무 슬픈 마음이 들 때,
우리의 몸 안에서
<u>자율 신경</u>이 마음을
진정시키려고 합니다.
그래서 뇌가 명령을 내려
눈물을 흘리는 것으로
추측합니다.

축구 시합에서
처음으로
골을 넣었어!
정말 기뻐!

눈물을 흘려서
진정시키자!

우리 몸의 수수께끼

'자율 신경'이란 무엇일까?

자율 신경에는 마음과 몸의 활동을 활발하게 만드는 **교감 신경**과 편안하게 만드는 **부교감 신경**이 있어요. 이 두 가지는 시소처럼 균형을 맞추면서 일을 하지요. 잠을 자는 동안에는 부교감 신경이, 아침에 일어나면 교감 신경이 일을 많이 합니다. 그래서 몸이 밤보다 낮에 더 활동적인 거예요.

낮
교감 신경이 활발함.

밤
부교감 신경이 활발함.

눈물은 왜 짤까?

눈물은 대부분 물이지만, 나트륨이 소량 들어 있어요. 나트륨 때문에 살짝 짠맛이 나지요. 단맛이 날 때도 있어요.

짠맛이 난다?!

교감 신경은 속이 상하거나 화가 났을 때 작용하기 때문에 눈물은 짠맛이 나는 경우가 많아요.

단맛이 난다?!

부교감 신경은 기쁘거나 슬플 때 작용해서 싱거우면서 살짝 단맛이 난다고 해요.

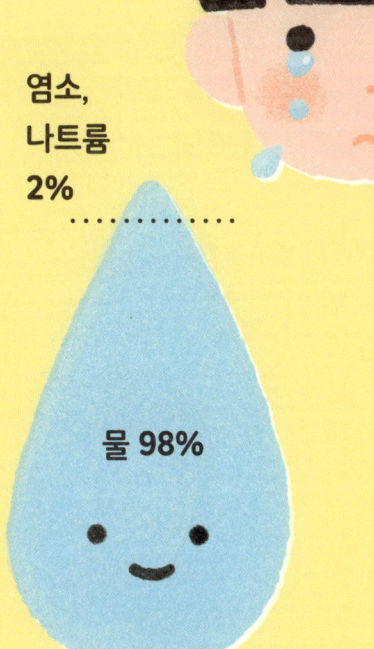

염소, 나트륨 2%

물 98%

Q 사람이 말을 할 수 있게 된 이유는 무엇일까?

A 입으로 숨을 쉬고 말을 활용할 수 있는 좋은 머리 덕분이야.

동물과 식물도 위험으로부터 몸을 지키기 위해 친구들끼리 의사소통을 해 왔어요.
동물은 서로 의사소통하려고 뇌를 발달시키고 입의 구조도 진화시켜 왔지요.
사람은 뇌와 입을 모두 발달시켜 말을 사용한 의사소통을 할 수 있게 됐어요.

뇌로 말을 이해한다.

입으로 호흡한다.

 사람은 어떻게 말을 하게 됐을까?

사람이 다른 동물에 비해 많은 말을 할 수 있는 이유는
몸의 구조와 뇌를 쓰는 방법을 모두 진화시켰기 때문입니다.

1. **몸의 구조가 발달했어요**
   사람은 곧게 서서 걸을 수 있게 되면서 뇌가 척추 위로 올라갔고, 목도 진화하면서 복잡한 언어도 말할 수 있게 되었어요.

2. **정보 교환을 위해 뇌가 발달했어요**

   사람은 다른 사람과 안전하게 같이 살 수 있도록 사회 구조를 만들었습니다. 이를 문화라고 합니다. 문화를 발전시키려면 많은 정보가 필요했어요. 활발한 정보 교환을 위해 뇌가 발달했지요.

다른 동물과 사람의 뇌를 비교해 보자

사람의 뇌는 성장을 하면서 무게가 달라집니다.
어른이 되면 1.2~1.5kg 정도가 돼요.
4세쯤에는 뇌가 어른 뇌의 80% 정도 크기가 된답니다.
이미 고릴라, 침팬지 뇌보다 더 크지요.

사람　　　원숭이　　　고릴라

더 알고 싶어요!

아기는 생후 10개월 정도부터 주변 사람을 흉내 내서 말하기 시작한다

아기는 입이나 혀가 발달하는 생후 3개월 정도부터 '아아', '우우' 같은 옹알이를 하기 시작합니다.
10개월 정도부터는 주변 사람의 목소리를 듣고 흉내를 내서 말을 배워요.
12개월 정도부터 '엄마' 등의 단어를 말하기 시작하지요.

원숭이는 말을 왜 못할까?

원숭이는 몸의 구조로 보면
사실 사람처럼 말할 가능성이 있어요.
하지만 말을 하려면
뇌가 입의 아주 작은 움직임까지
다루어야 하는데,
원숭이는 할 수 없지요.
따라서 사람처럼 말을 할 수 없답니다.

대신 우리는
손짓, 발짓과
소리로 대화를 하지!

새들의 언어가 있다?

새들도 울음소리로 대화한다는
사실이 밝혀졌어요.
'여기 먹을 거 있으니까 모여라!'라든가
'적이 침입했으니 도망쳐!' 등 특별한
울음소리로 알려 준대요.

물고기도 말을 한다?

물고기도 낮은 소리와 높은 소리를
구분해서 서로 대화해요.
위험이 닥쳤을 때 상대를 위협하기 위해 소리를 내고
알을 낳으면 암컷과 수컷이 같이 울기도 해요.

 **사람이 글을 쓰고 읽을 수 있는 이유는 무엇일까?**

 **같은 정보를 다른 사람과 서로 나누며 살아가기 위해서야.**

 정보를 전달하기 위해서구나.

사람은 무리를 만들고, 그 안에서 대화를 나누며
협력하여 살아가는 생물입니다.
글자는 다른 무리 사람이나
떨어진 곳에 있는 사람에게
직접 말을 하지 않아도
이야기를 전할 수 있도록
만들어졌어요.

아주 오래전 그려진
라스코 동굴 벽화

 정보를 왜 전하는 거야?

1 2
3 4

그림을 그려 길을 알려 주다!

많은 정보를 더 간단하게 전할 방법이 없을까?

사물의 형태를 본떠서 상형 문자가 생겼어요

사람은 그림으로 기록을 남기다가, **상형 문자**를 만들었어요. 누구나 알기 쉽도록 산, 나무 등 자연의 모습을 본뜬 것이지요. 그것을 더 간단히 만들어 가면서 지금의 글자 모양이 되었어요.

산을 문자로 나타낸다면….

해 보세요!

상형 문자로 한자를 맞혀 보자!

예를 들어 山(메 산), 川(내 천) 같은 한자는 상형 문자입니다. 글자의 모습에서 원래 자연의 모습을 찾을 수 있어요. 오른쪽 ①~⑥의 상형 문자는 어떤 한자로 바뀌었을까요? 맞혀 보세요.

정답

① 日(해 일) ② 木(나무 목) ③ 月(달 월) ④ 貝(조개 패) ⑤ 大(클 대) ⑥ 王(임금 왕)

정보를 미래에 전하는 방법

사람이 배운 것이나 발견한 것을 다음에 태어날 아이들에게 전한다면, 그 아이들이 더 나은 새로운 미래를 만들어 갈 수 있어요. 그래서 우리는 글자로 쓴 책을 만들어서 도서관에 남기거나 슈퍼컴퓨터 등에 디지털 데이터로 남겨 놓습니다.

도서관

많은 책이 있어서 정보를 읽거나 찾아볼 수 있어요.

슈퍼컴퓨터

슈퍼컴퓨터는 어려운 계산도 빠르게 할 수 있어요.

생각해 보세요!

미래의 나에게 전하고 싶은 정보는?

10년 후, 20년 후의 나에게 어떤 말을 전하고 싶은가요? 편지를 써 보세요.

더 궁금해요! 우리 몸

Q 사람의 뼈는 몇 개일까?

A 어른은 약 206개!

뼈는 주로 단백질과 칼슘으로 이루어져 있어요. 아주 딱딱해서 몸을 지탱하고 폐, 위장 등 여러 기관을 지켜 주지요. 관절 사이에는 근육이 연결되어 있기 때문에 다리를 움직이거나 팔을 꺾을 수 있어요.

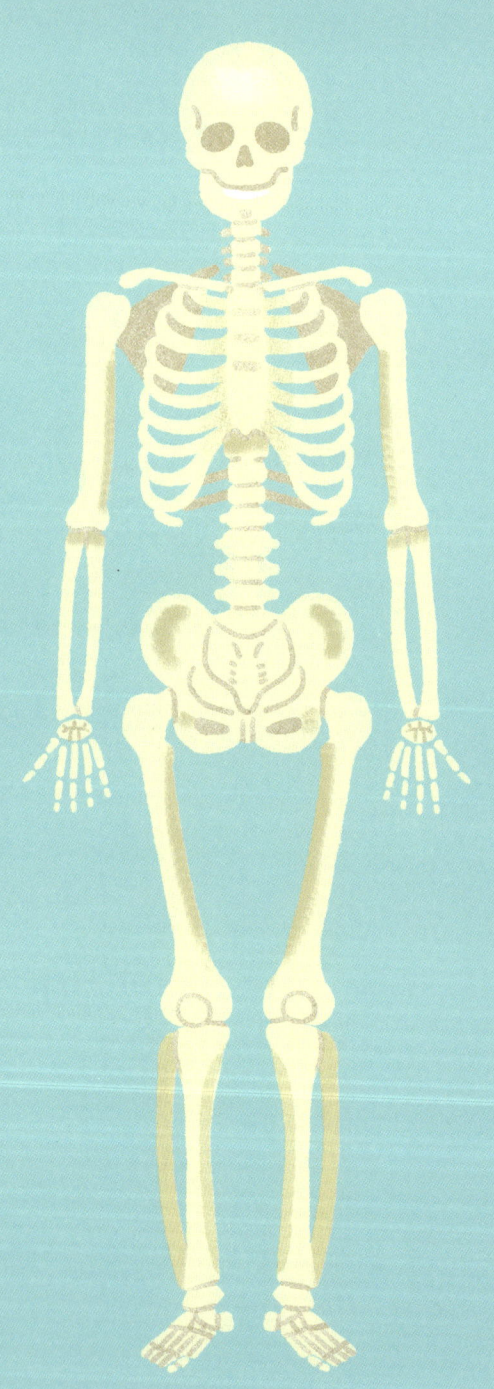

아기의 뼈는 350개!

갓 태어난 아기에게는 약 350개의 뼈가 있어요. 성장하면서 떨어져 있던 뼈가 하나로 붙어 개수가 줄어들어요. 성인이 되면 200~206개의 뼈만 남아요.

Q 머리카락은 하루에 얼마나 자랄까?

A 하루에 0.3~0.4mm, 한 달에 1cm 정도 자라요.

머리카락은 **털뿌리**라는 곳에서 계속 만들어집니다.
털뿌리에서 새 머리카락을 만들어 내기 때문에
머리카락이 계속 길어지고, 잘라도 다시 자라나는 거예요.
사실 우리가 말하는 머리카락(두피 밖으로 나와 있는 부분)은
털줄기라고 해요.
이 부분은 한 번 손상되면 원래대로 돌아가지 않아요.

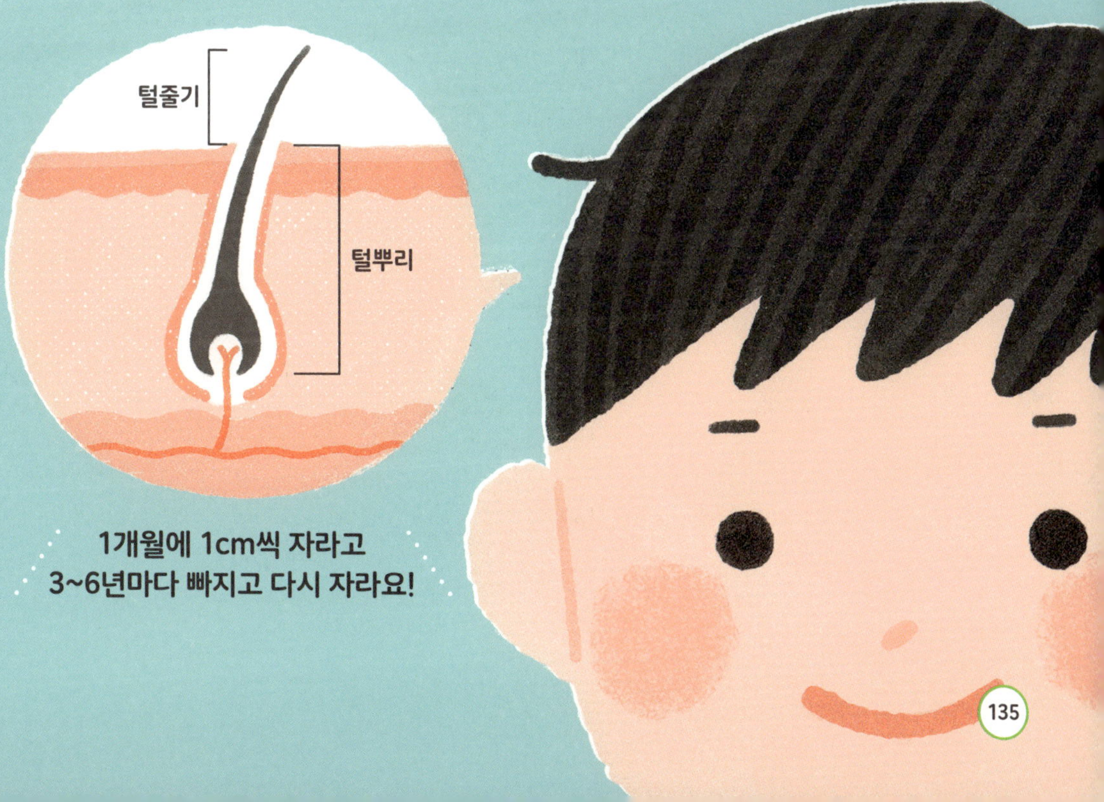

털줄기
털뿌리

1개월에 1cm씩 자라고
3~6년마다 빠지고 다시 자라요!

Q 밤에는 왜 졸릴까?

A 뇌를 쉬게 하기 위해서야.

사람은 뇌가 무척 발달했어요. 그만큼 뇌는 하루 종일
일을 하기 때문에 지치기 쉽지요.
따라서 뇌는 잠을 통해 피로를 풀고 건강한 상태를 회복해요.
생물은 생체 리듬에 맞춰 살기 때문에 사람은 밤이 되면 졸리게 돼요.

뇌는 부지런한 일꾼!

뇌는 몸의 밖이나 안에서 일어난 일을 감지하고 정보를 분석해서 몸 전체의 움직임을 명령합니다. '손발을 움직여라, 말을 해라, 숨을 쉬어라, 심장을 움직여라!'처럼 말이지요. 매우 중요한 일을 한답니다.

우리 몸의 수수께끼

지구와 우주의 수수께끼

이렇게 큰 지구는 과연 어떻게 만들어졌을까요?
지진은 왜 일어날까요?
우주에서는 어떻게 생활할까요?
지구와 우주에는 수수께끼가 가득해요.

 **구름은 어떻게 생길까?**

 구름은 작은 물방울과 얼음 알갱이로 이루어져 있어. 바람에 날려 움직이면서 모양이 바뀌어.

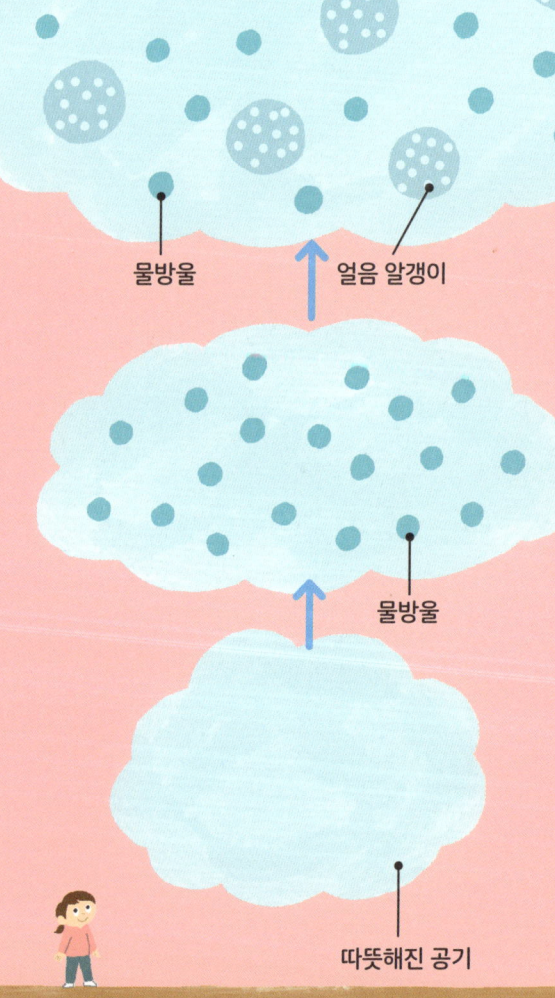

3
물방울이 더 차가워지면 작은 얼음 알갱이가 돼요. 작은 물방울과 얼음 알갱이가 떠다니는 것이 구름이에요.
바람을 따라 움직이면서 조금씩 모양이 바뀌지요.

물방울   얼음 알갱이

2
하늘 위에서는 공기가 차가워져요. 공기 속에 있던 수증기들이 뭉쳐 물방울이 되어 나와요.

물방울

1
태양 에너지가 땅과 땅에 가까운 공기를 따뜻하게 데워요.
따뜻해진 공기는 주변의 공기보다 가벼워져서 하늘 위쪽으로 붕 떠올라요.

따뜻해진 공기

 ## 구름을 만들어 보자

페트병으로 구름을 만들 수 있어요.
공기의 압력을 이용하면 작은 구름이 만들어져요.

준비물

- 물
- 입구가 바늘로 된 공기 주입기
  (축구공, 농구공 공기 주입기)
- 고무마개 … 1개
  * 철물점에서 살 수 있어요.
- 페트병(500mL) … 1개

4 고무마개를 뿅! 하고 빼면 구름이 생겨요!

실험 방법

1 공기 주입기의 바늘로 고무마개를 뚫어요.
※ 주의! 다칠 수 있으니 어른에게 부탁하세요.

2 페트병 안쪽이 살짝 젖을 정도로 물을 넣어요. 고무마개로 뚜껑을 막아 공기 주입기를 꽂습니다.

3 페트병에 공기를 넣습니다. 페트병 안에 압력이 커집니다.

구름은 이렇게나 다양해요

권운
새털처럼 하얀 줄무늬 모양으로 보이는 구름이에요. 털구름, 새털구름이라고도 불려요.

적란운
쌘비구름이나 소나기구름이라고도 합니다. 강한 **상승 기류**(위로 향하는 공기의 흐름)가 생기기 때문에 구름 속의 물, 얼음 알갱이가 크게 자라납니다. 그 알갱이가 서로 부딪치면서 **정전기**가 일어나고, 많이 쌓이면 번개가 됩니다.

권층운
털층구름, 면사포구름, 무리 구름이라고도 합니다. 하늘에 넓게 흰 면사포가 드리운 것처럼 보이는 구름입니다. 전부 다 얼음 알갱이로 이루어져 있어요.

층적운
두루마리구름이나 층쌘구름, 층계구름이라고도 합니다. 계단처럼 보이는 구름입니다. 구름이 낮은 높이에 생기기 때문에 지상의 바람과 지형의 영향을 받아서 모양이 잘 바뀝니다.

권적운

비늘구름, 털쌘구름이라고도 합니다.
높은 위치에 형성되는 구름이지요.
하나하나가 작은 덩어리로 보입니다.

고적운

작은 덩어리가 된 구름이
복슬복슬하게 모여서 마치 양 떼처럼
보이는 구름입니다.
양떼구름이나 높쌘구름이라고도 불러요.
1년 내내 볼 수 있는데,
특히 봄에서 가을 사이에
더 많이 볼 수 있어요.

고층운

높층구름이라고도 합니다.
해나 달을 가릴 정도로 두꺼운 구름입니다.
하늘 전체를 덮는 경우가 많아요.

난층운

비를 내리게 하는 구름입니다.
비구름이나 비층구름이라고도 합니다.
난층운이 드리우면 그 주변이
어둑어둑해져요.
물방울과 얼음 알갱이가
매우 많고 햇빛도 가리기 때문에
검은색 구름으로 보입니다.
눈을 내리게 할 때는 설운이라고 불러요.

적운

뭉게구름이나 쌘구름이라고도 합니다.
솜사탕을 찢어 놓은 것처럼
떠 있는 구름입니다.
아래쪽은 두툼하고 위쪽은 넓게 펼쳐져
있습니다. 위쪽을 향해 뻗어가지요.

층운

땅과 이어져 있으면 안개구름,
땅에서 떨어져 있으면 층운이라고 부릅니다.

Q 날씨는 어떻게 알 수 있을까?

A 따뜻하거나 차가운 공기 덩어리가 위나 아래로 움직이면서 구름이 생기거나 비가 내리기도 합니다.
공기가 움직이는 것을 바람이라고 합니다.
구름이 바람을 타고 움직이기 때문에 날씨가 변하는 거예요.

2 높은 하늘에서 구름이 돼요

하늘 위로 올라간 수증기는 차가워집니다. 물이나 얼음 알갱이가 되어 하얗게 보여요. 이것이 구름이에요.

1 바닷물이 증발해서 수증기가 돼요

바다, 강, 연못, 호수 등의 물은 따뜻해지면 **증발**해서 눈에 보이지 않는 **수증기**가 됩니다. 그리고 하늘 위쪽으로 올라가요.

빗방울의 모양

빗방울의 모양이 눈물 모양은 아니에요! 크기에 따라 모양이 달라지는데, 빗방울 모양이 약 3mm보다 작을 때는 동그랗고, 3mm를 넘으면 공기에 눌린 모양이 돼요.

 0.5mm

2mm

 5mm

3 비가 지상으로 내려 흙에 배어들어요

구름의 물방울이 더 차가워지면 비나 얼음 알갱이가 되어 땅으로 떨어지고, 흙에 배어듭니다.

4 흙을 적신 물은 강이 되고 바다로 흘러가요

흙을 적신 물은 지하수가 되기도 하고, 산의 샘물이 되어 뿜어져 나오기도 합니다. 뿜어져 나온 물과 비는 흐르고 흘러서 강이 돼요. 강은 곧 바다로 흘러갑니다.

 **바닷물은 짠데
강물은 왜 짜지 않을까?**

 **바다와 강은
물이 모이는 과정이
다르기 때문이야.**

바다는 이렇게 만들어졌어요

머나먼 옛날 지구가 막 생겨났을 때,
지구는 가스들로 가득 차 있었어요.
이 가스의 열로 구름이 생겼고
엄청나게 많은 비가 내렸어요.
지구를 감싸던 가스가 비에 녹아들었고,
이 비는 화산으로 생긴 암석의
<u>염분</u>(염화나트륨)을 녹였어요.
그래서 지금처럼
짠 바다가 되었어요.

갓 태어난 지구

많은 비가 내려
바다가 생겼다!

강은 이렇게 만들어졌어요

바다에서 수분이 증발해 비가 돼요.
이때 염분은 바다에 남아 있고,
짠맛이 없는 담수만 증발합니다.
이렇게 증발한 물은 비나 눈이 되고
다시 모여서 강물이 되는 거예요.

바닷물은 마실 수 없어요

사람의 몸의 70%가 수분으로 이루어져 있어요. 몸에도 염분이 있지만 1% 정도예요. 바닷물의 염분은 3%로 몸보다 염분 농도가 높아요. 따라서 짠 바닷물을 마시면 온몸에서 물이 빠져나가는 탈수 증상이 일어나요. 바닷물을 그대로 마시면 위험하답니다.

 **보석에는
왜 여러 가지 색깔이 있을까?**

 **보석이 되는 돌의 종류가
다르기 때문이야.**

색깔이 각양각색이라
참 예쁘다!

울퉁불퉁한 원석은 이런 모양!

반짝반짝 아름답게 빛나는 보석은
예로부터 사람들의 마음을
사로잡았어요.
보석의 원료가 되는 원석은
세계 여러 나라의
광산(광물을 캐내는 산)에서
캐낼 수 있어요.
나라와 광산에 따라
캐낼 수 있는 원석의
종류가 달라요.

원석을 갈고 닦아 보석으로!

다이아몬드, 루비 같은 보석도 처음부터 반짝반짝 빛나는 것은 아닙니다. 막 캐낸 원석은 울퉁불퉁 거칠어요. 사람의 손을 거쳐 갈고 닦고 또 닦아서 빛나는 보석으로 만든답니다.

보석을 갈고 닦는 모습

루비

에메랄드

시트린

보석의 색은 파란색, 노란색, 투명색 등 각양각색입니다. 각도에 따라 색깔이 다르게 보이는 보석도 있어요.

사파이어

오팔

보는 위치에 따라 색이 변해요!

오닉스

자수정

보석을 갈고 닦으면 빛이 굴절되어 반짝반짝 빛나 보이는 거래.

빛이 꺾이는 굴절

물이나 유리처럼 투명한 것에 빛을 비추면 빛줄기가 꺾이는 **굴절**이 일어납니다. 이때 빛이 무지개처럼 다양한 색으로 나뉘거나 반사되면서 반짝반짝 아름다운 보석의 빛을 만들어 내요.

갈고 닦은 다이아몬드는 많은 빛을 굴절시키기 때문에 찬란하게 반짝여요.

해 보세요!

빨대가 구부러졌다?

곧게 뻗은 빨대를 물에 넣으면 구부러진 것처럼 보여요. 이것도 빛의 굴절이에요. 물속에서 나오는 빛이 꺾여서 눈에는 다른 위치에 있는 것처럼 보여요.

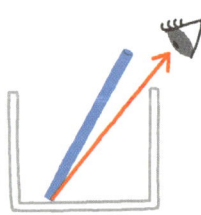
물이 없으면 곧게 보여요.

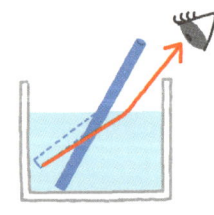
물이 있으면 굴절되어 구부러진 것처럼 보여요.

빨대가 꺾인 것처럼 보여요!

 ## 돌을 갈아 보자

돌을 사포로 갈아 보세요.
어쩌면 반짝반짝 빛날지도 몰라요.
책이나 인터넷에서 어떤 돌인지 찾아보세요.

준비물

- 사포 3장
 * 거친 정도가 다른 사포로 준비합니다.

- 돌
 * 돌을 주울 때는 위험한 장소에 가지 않도록 하세요. 함부로 돌을 가져오면 안 되는 곳도 있으니 꼭 어른에게 얘기하고 가져오세요.

- 대야
- 물
- 목장갑

다 닦은 돌은 멋진 보석함에 넣어 보관하세요!

실험 방법

1 사포는 제일 거친 사포부터 씁니다. 사포를 물에 담가 적신 다음에 사용합니다.

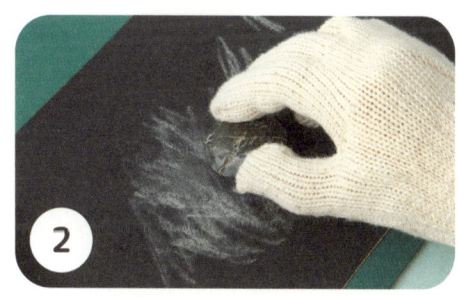

2 목장갑을 끼고 돌을 닦습니다. 돌이 매끈해지면 덜 거친 사포로 바꿔서 갈아요.

 지진은
왜 일어날까?

 지진은 지면 아래의 판이
충돌했을 때 일어나.

지진의 발생 원리

1 **맞물린 곳에
에너지가 강해져요**

지구의 표면은 판이라는 암반으로 이루어져
있어요. 이 판은 바다 밑 쪽에서 계속 새로
생겨나며 조금씩 움직여요.
그리고 다른 판과 만나면 해양판이
대륙판 아래로 가라앉아요.
이때 맞물린 대륙판도 아래로 당겨지면서
끝 쪽이 가라앉는데, 그 부분에 에너지가
점점 쌓여요.

대륙판

충돌 에너지가 쌓이는 곳

해양판

150 지구와 우주의 수수께끼

일본에 지진이 많이 일어나는 이유

일본 열도 근처에는 네 개의 판이
맞붙어 있어요.
두 개만 있어도 지진이
일어나기 쉬운데,
네 개나 맞붙어 있으니
지진이 더 자주
일어나는 거예요.

북아메리카판
유라시아판
태평양판
필리핀판

2 **원래 있던 자리로 가려다 지진이 생겨요**

충돌한 곳에 에너지가 점점 쌓이면 판이 그 힘을 이기지 못하고 강한 반동으로 되돌아갑니다. 이것이 지진이에요.

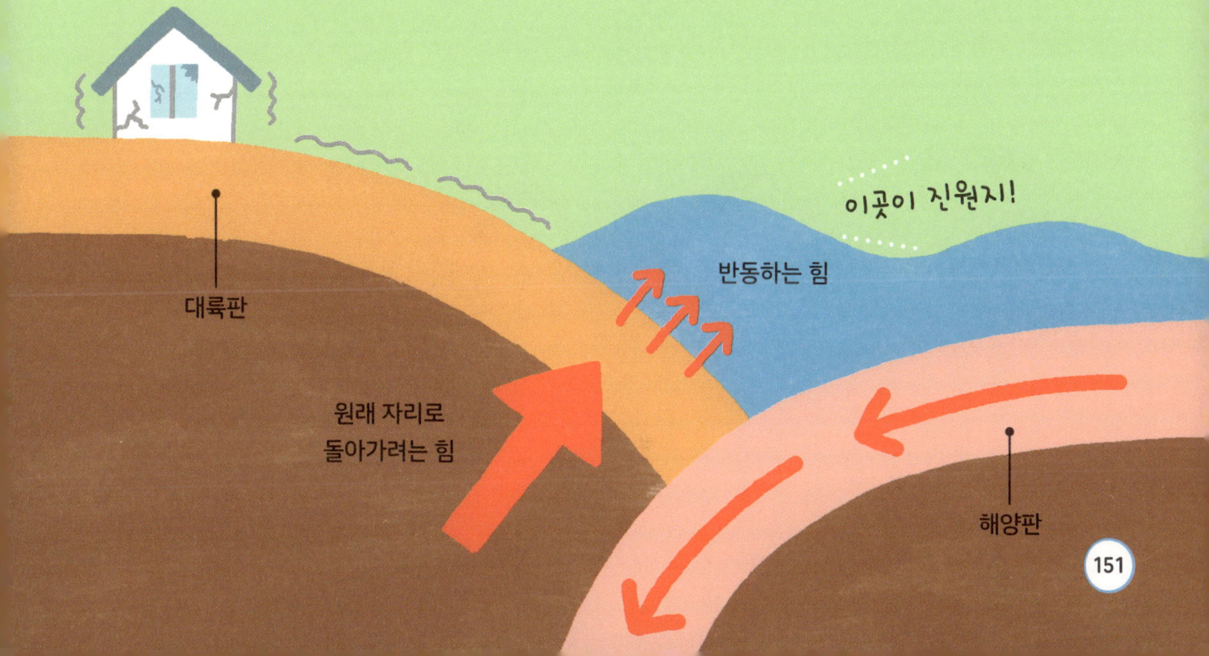

이곳이 진원지!

대륙판
반동하는 힘
원래 자리로 돌아가려는 힘
해양판

진도와 규모란 무엇일까?

 지진이 일어나면 지진이 얼마나 흔들렸는지 나타낼 때 진도라는 말을 써요. 지진 자체의 크기(에너지의 세기)를 나타낼 때는 규모라는 말을 쓰지요.

우리나라는 수정 메르칼리 진도 계급을 사용해요. 진도를 12단계로 나눠 등급을 매긴 것이지요. 같은 지진이라도 진원지의 거리, 땅의 단단한 정도가 달라서 진도는 장소마다 달라요. 진도와 규모의 등급을 알아봐요.

진도 1~3
(규모 1~4 정도)
가만히 있을 때 진동을 아주 미약하게 느끼는 사람이 있어요.

진도 3~4
(규모 3~4 정도)
가만히 있는 사람들 대부분이 진동을 느껴요.

진도 4~5
(규모 4~5 정도)

건물 안에 있는 사람들 대부분이 진동을 느껴요.

진도 6
(규모 5~6 정도)

천장에 매달린 전등이 크게 흔들려요.

진도 7
(규모 6 정도)

무거운 가구가 흔들려요.

진도 8
(규모 6~7 정도)

벽이나 기둥을 잡지 않으면 걷기가 어렵고 벽이 무너질 수 있어요.

진도 9
(규모 7 이상)

서 있기가 어렵고 건물이 무너져요.

진도 10
(규모 7 이상)

움직이기 어렵고 산사태가 발생해요.

진도 11~12
(규모 7 이상)

건물 대부분이 쓰러져요.

지진이 일어나면 어떻게 해야 할까?

우리나라에서 일어난 최대 지진은 2016년 경주에서 일어났어요. 규모 5.8의 지진이었어요. 일본에서는 큰 지진이 옛날부터 여러 번 일어났어요. 한신 아와지 대지진은 규모 7.3, 동일본 대지진은 규모 9.1이었어요. 건물이 쓰러지고 불이 나고 쓰나미가 밀려오는 등 큰 피해를 입었지요.

우리 집은 안전할까요?

쓰러질 수 있는 선반은 단단히 고정했나요?

생존 배낭은 준비했나요?

피난 규칙
- ☑ 안전한 곳에서 흔들림이 진정될 때까지 기다리기
- ☑ 어른과 함께 행동하기
- ☑ 피난할 때는 밀지 않기, 뛰지 않기, 떠들지 않기, 뒤로 가지 않기

낮에는 해가 있지만 밤에는 왜 없을까?

해는 같은 자리에 있지만 지구가 움직이기 때문에 그렇게 보이는 거야.

낮에는 해가 보이지만 밤에는 안 보이잖아.

지구의 움직임

지구는 하루에 한 번,
팽이처럼 돌아갑니다.
이를 **자전**이라고 합니다.

'자전'이란?

지구는 **지축**을 중심으로 약 24시간 동안 한 바퀴 회전합니다. 정확히 말하면 23시간 56분에 한 바퀴를 돌지요.

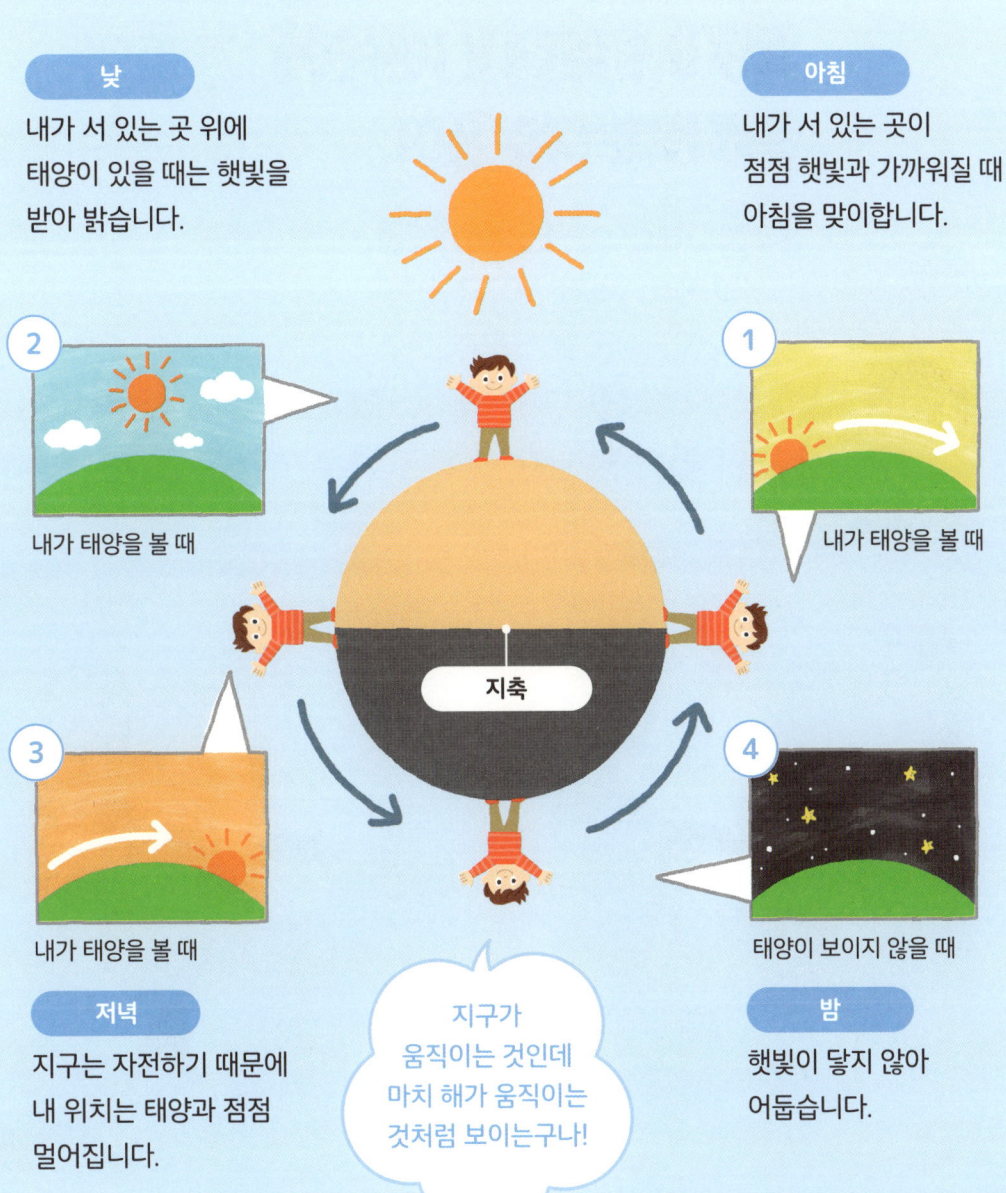

낮
내가 서 있는 곳 위에 태양이 있을 때는 햇빛을 받아 밝습니다.

아침
내가 서 있는 곳이 점점 햇빛과 가까워질 때 아침을 맞이합니다.

2 내가 태양을 볼 때

1 내가 태양을 볼 때

지축

3 내가 태양을 볼 때

4 태양이 보이지 않을 때

저녁
지구는 자전하기 때문에 내 위치는 태양과 점점 멀어집니다.

지구가 움직이는 것인데 마치 해가 움직이는 것처럼 보이는구나!

밤
햇빛이 닿지 않아 어둡습니다.

 **왜 여름에는 덥고 겨울에는 추울까?**

 여름에는 햇빛이 우리의 머리 위에서 겨울보다 더 긴 시간 동안 비추니까 더운 거야. 겨울에는 그 반대지.

 생각해 보니 여름보다 겨울에 더 빨리 어두워지네!

여름

겨울

지구의 움직임

지구는 1년 동안 태양 주변을 한 바퀴 돌아요. 이것을 **공전**이라고 해요.

> **'공전'이란?**
> 지구가 태양 주변을 한 바퀴 도는 거예요. 시속 10만 7,000km로 돌고 있어요. 비행기, 로켓보다 더 빠르니 정말 놀라워요.

지축

지구는 북극과 남극을 잇는 **지축**을 중심으로 자전하고 있어요. 지축이 살짝 기울어져 있어서 1년 동안 태양이 지구에 닿는 시간이 바뀌고, 봄, 여름, 가을, 겨울이라는 사계절이 생겼어요.

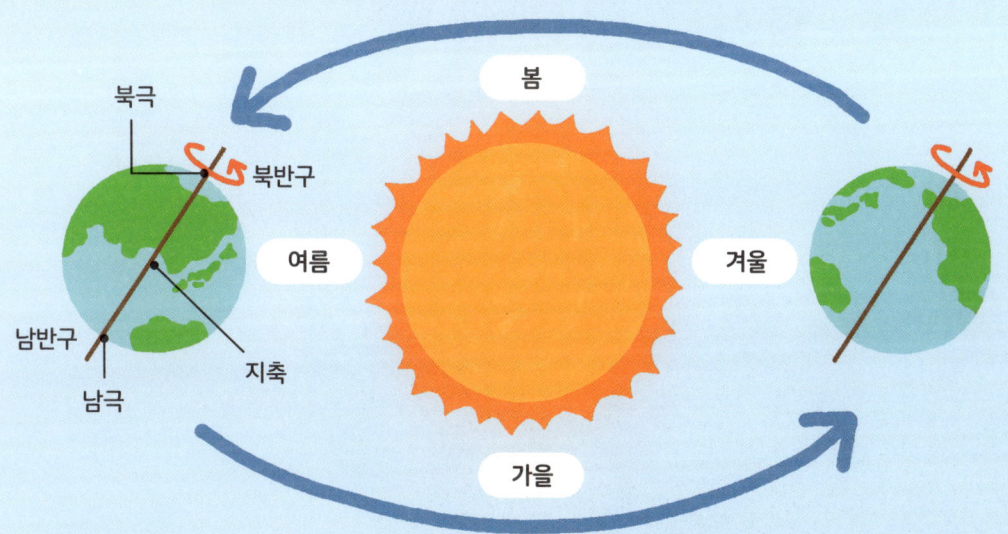

여름

여름에는 태양이 우리나라가 있는 북반구 쪽을 비춥니다. 따라서 북반구 나라들은 여름이 됩니다. 태양이 지구에 닿는 시간이 길고, 머리 위 가까운 높이에서 빛을 쬐기 때문에 좁은 공간에 많은 에너지가 집중돼요. 그래서 기온이 높아져 덥습니다.

겨울

여름과 반대로 태양이 오스트레일리아가 있는 남반구 쪽을 비춥니다. 따라서 북반구 나라들은 겨울이 됩니다. 태양이 지구를 비추는 시간이 짧고 떠 있는 높이도 멀어서 기온이 낮고 춥습니다.

세계의 계절

모든 나라에 사계절이 있진 않아요.

북극

북극·남극

북극, 남극 근처에서는 밤새도록 태양이 지지 않는 '백야'나 하루 종일 태양이 뜨지 않는 '극야'가 있어요.

우리나라

봄, 여름, 가을, 겨울이 있어요.

인도네시아

인도네시아는 지구의 한가운데를 지나는 적도와 가까워요. 강한 태양 빛이 많이 내리쬐는 곳이에요. 매우 더운 나라예요.

남극

오스트레일리아

우리나라와 오스트레일리아는 계절이 정확히 반대예요. 우리나라가 한겨울일 때 오스트레일리아는 한여름이고, 우리나라가 한여름일 때 오스트레일리아는 한겨울이지요.

1 지구의 자전을 체험해 보자

거울이 태양, 자신을 지구라고 생각해 보세요.

① 거울 앞에 서서 자기 얼굴을 봅니다. 거울을 보고 있는 얼굴 쪽이 밝은 낮이에요. 뒤통수는 어두운 밤이에요.

② 거울 앞에서 180°를 도세요.
거울(=태양)이 안 보이게 됐어요.
얼굴이 거울과 반대쪽을 향하고 있을 때는 뒤통수 쪽이 낮이고 얼굴 쪽이 밤이에요.

③ 다시 180°를 돌아 원래대로 돌아오면 다시 얼굴이 낮이고 뒤통수가 밤이 돼요.

2 아침, 점심, 저녁에 그림자의 길이를 비교해 보자

낮에는 태양이 높은 곳에서 내리쬐기 때문에 그림자가 짧아져요. 아침과 저녁에는 태양이 낮아져서 그림자가 길어지지요.

3 양지와 음지를 비교해 보자

맑게 갠 날에 밖에 나가 양지(볕이 드는 곳)와 음지(그늘진 곳)인 땅을 비교해 보세요. 양지는 따뜻하고 보송보송한데, 음지는 차갑고 축축해요. 햇빛이 닿는 곳만 따뜻해지기 때문이에요.

 달이 매일 다른 모양으로 보이는 이유는 무엇일까?

 달의 진짜 모양은 바뀌지 않는데, 햇빛이 닿는 위치가 달라지기 때문이야.

 달은 햇빛을 받아 빛이 나는구나!

 보름달

 초승달

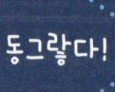 동그랗다!

조금밖에 안 보여!

달은 지구 주위를 돌아요

달은 햇빛을 받아 빛나요. 달은 한 달 동안 지구 주위를 회전합니다.
태양은 항상 달을 비춰 주지만,
지구에서 보는 달은 햇빛을 받는 위치에 따라
모양이 다르게 보여요.

지구에서는 햇빛이 닿아 있는 부분만 밝게 보여요.

보름달

지구에서 달을 볼 때, 태양이 달 전체를
비추기 때문에 달의 표면 전체가
빛나요. 이때 달이 보름달입니다.

삭

태양이 지구보다 달을 먼저 비춰서
달이 보이지 않을 때입니다. 삭 이후에
달이 조금 보일 때가 초승달입니다.

달이 없어지면 어떻게 될까?

만약 달이 없다면, 지구의 하루는 8시간으로 줄어들 거라고 해요. 지구는 매우 빨리 자전을 해서 땅 근처에서는 계속 강한 바람이 불 거예요. 지구상의 생물이 강한 바람에 적응하도록 진화할지도 모르겠네요.

달은 지구의 4분의 1 크기!

(회전이 빨라져서 하루 24시간이 하루 8시간이 돼요.)

(기울기가 불안정해져서 기후가 너무 덥거나 너무 추워질 거예요.)

달에서는 토끼가 떡방아를 찧고 있을까?

달의 표면

보름달을 살펴보면, 왠지 달에서 토끼가 떡을 찧고 있는 듯한 그림자가 보이는 것 같지요? 그건 달의 표면이 울퉁불퉁하기 때문이에요. 다른 나라에서는 토끼가 아닌 다른 모습으로 본대요. 유럽에서는 게, 아프리카에서는 두꺼비로 본다고 합니다.

머리가 긴 여자
북아메리카・동유럽

책을 읽는 할머니
북유럽

악어
남아메리카

게
남유럽

울부짖는 사자
아라비아

토끼
한국, 중국, 일본

 # 케플러 망원경을 만들어 보자

망원경에는 여러 가지 타입이 있는데, 천체 관측에 주로 쓰이는 '케플러 망원경'을 만들어 볼게요.

준비물

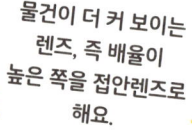
물건이 더 커 보이는 렌즈, 즉 배율이 높은 쪽을 접안렌즈로 해요.

- 볼록 렌즈(또는 돋보기) … 2개
  * 망원경을 들었을 때, 앞에 오는 렌즈(접안렌즈)의 배율이 높고 뒤쪽에 오는 렌즈(대물렌즈)의 배율이 낮을수록 크게 보여요.

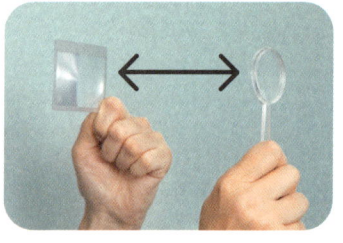

렌즈 두 개를 겹쳐 보세요. 사물이 선명하게 보이는 렌즈 사이의 거리가 바로 통 길이입니다.

- 테이프
- 가위
- 풀

- 기다란 통 … 1개
  * 동그란 렌즈의 지름에 맞춰서 통의 지름을 정하세요.

- 검은 색지(A4 크기) … 2장
  * 비쳐 보이지 않기 위해 검은색을 사용합니다.

- 좋아하는 색깔의 색지 (A4 크기) … 1장

크게 보이는 망원경을 만들고 싶을 때는?

접안렌즈는 확대경이나 단안경 등(배율은 10배 정도)을, 대물렌즈로는 도수가 높은 돋보기안경을 고릅니다.

실험 방법

1 통을 렌즈의 지름에 맞게 말아서 테이프를 붙여요. 렌즈와 통도 테이프로 고정합니다. 통의 겉면에 검은 색지를 붙여요.

이 부분을 테이프로 고정해요

2 통 안에 들어갈 만한 크기로 검은 색지를 돌돌 말아요. 돌돌 만 색지 위에 다른 색지를 한 번 더 말아 테이프를 붙여요. 통 안에 밀어 넣어요.

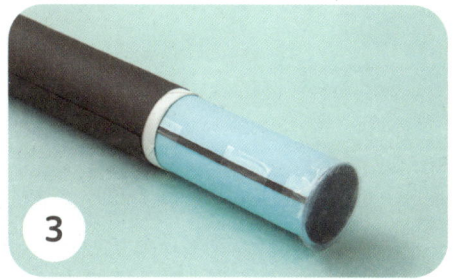

3 안에 넣은 통 구멍에 남은 렌즈를 붙입니다.

초점을 맞추고 관찰해 보세요

망원경 통을 길게 빼고 다시 당기며 사물이 확실히 보이는 부분에서 멈추세요. 낮에는 멀리 있는 풍경을, 밤에는 달을 관찰해 보세요. 잘 보이면 통에 스마트폰 카메라를 대고 촬영해 보세요.

* 태양에 대고 보면 안 돼요.

완성!

겉면에 스티커를 붙여서 예쁘게 꾸며 보세요.

Q 지구는 어떻게 만들어졌을까?

A 태양 주변을 떠돌던 가스나 먼지가 부딪치면서 만들어졌어. 약 46억 년 전 일이야.

> 가스나 먼지만으로 이렇게 큰 지구가 생겼다니!

지구와 태양계가 만들어지기까지

1 가스나 먼지가 모여요

우주 공간에 떠돌아다니던 가스나 먼지에 사물을 끌어당기는 힘인 만유인력 이 작용합니다.
그러자 먼지가 조금씩 모여 덩어리가 되어 갑니다.
어느 점을 중심으로 팽이처럼 돌기 시작합니다.

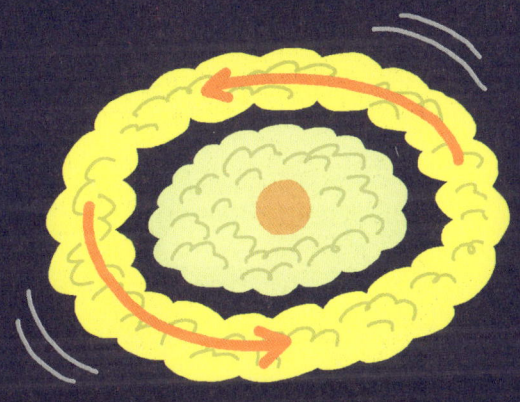

2 서로 부딪치면서 덩어리가 돼요

한데 모인 가스나 먼지는 만유인력 때문에 회전하는 덩어리의 중심 쪽으로 더 모이게 됩니다.
이윽고 여기저기서 덩어리가 생기고, 덩어리끼리 부딪치면서 더 큰 덩어리로 커집니다.

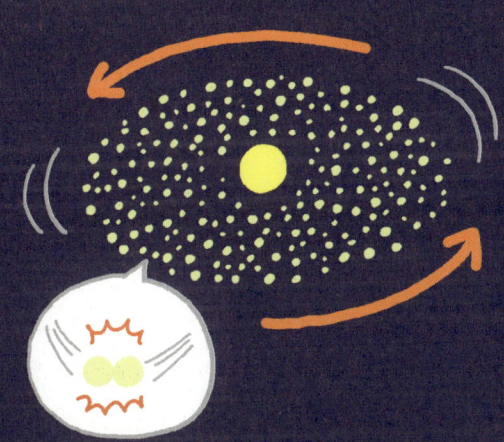

3 태양계가 생겼어요

중심으로 모인 가스는 곧 어마어마하게 큰 태양으로 성장합니다.
다른 덩어리들도 꽤 큰 덩어리로 자라나고, 태양의 주변을 도는 덩어리가 됩니다.
이 덩어리가 지구 같은 행성이 되어 태양계가 만들어졌습니다.

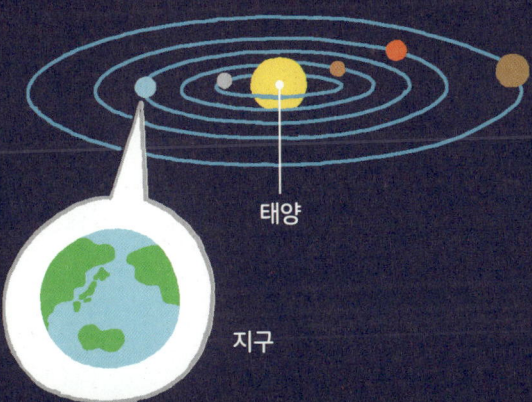

태양

지구

태양

① 수성

수성은 태양에서 가장 가까운 행성이에요. 낮에는 약 430℃로 매우 뜨겁지만 밤에는 약 -170℃로 기온이 크게 떨어져요.

② 금성

금성은 태양에서 두 번째로 가까운 행성으로, 지구에 가장 가까운 행성이에요. 지구보다 조금 더 작고 가벼운 행성이에요.

지구

달

④ 화성

화성은 태양에서 네 번째로 가까운 행성으로, 지구 바로 다음에 있는 행성이에요. 687일(약 1년 11개월)에 걸쳐 공전하고 있어요. 그리고 자전 주기는 24시간 37분이에요.

 태양계란 무엇일까?

 태양계는 태양을 중심으로 그 주위를 도는 8개의 행성(수성, 금성, 지구, 화성, 목성, 토성, 천왕성, 해왕성)으로 이루어져 있어요.

5 목성

목성은 태양에서 다섯 번째로 가까운 행성이에요. 거의 액체 금속과 가스로 이루어져 있어요. 지구 300개를 합친 무게보다 무겁고, 지름도 지구보다 11배 정도 더 커요.

6 토성

토성은 여섯 번째로 가까운 행성이에요. 목성 다음으로 크고, 큰 고리를 가지고 있어요. 목성과 마찬가지로 대부분 가스로 이루어져 있어요.

7 천왕성

천왕성은 일곱 번째로 가까운 행성이에요. 얼음 행성으로 불릴 정도로, 중심에 있는 암석을 얼음이 덮고 있어요. 그 주변에는 가스로 둘러싸여 있어서 초록빛이 감도는 푸른색으로 보여요.

8 해왕성

해왕성은 태양계의 가장 바깥쪽을 돌고 있어요. 태양 주위를 한 바퀴 도는 데 약 165년이나 걸려요.

갈릴레오 위성 (목성의 위성)

Q 우주는 언제 생겼을까?

A 약 138억 년 전에 태어났어!

138억 년 전이면 얼마나 옛날인지 모르겠어….

미국 항공우주국 NASA에서 허블 우주 망원경 등으로 멀리 떨어져 있는 별의 속도와 시간을 계산했더니, 우주의 나이는 약 138억 살이라는 계산이 나왔어요.

나 지구는 46억 년 전에 태어났다구!

공룡이 생긴 건 2억 년 전!

우리 인류가 태어난 건 20만 년 전!

138억 년 전은 정말 까마득한 옛날이구나!

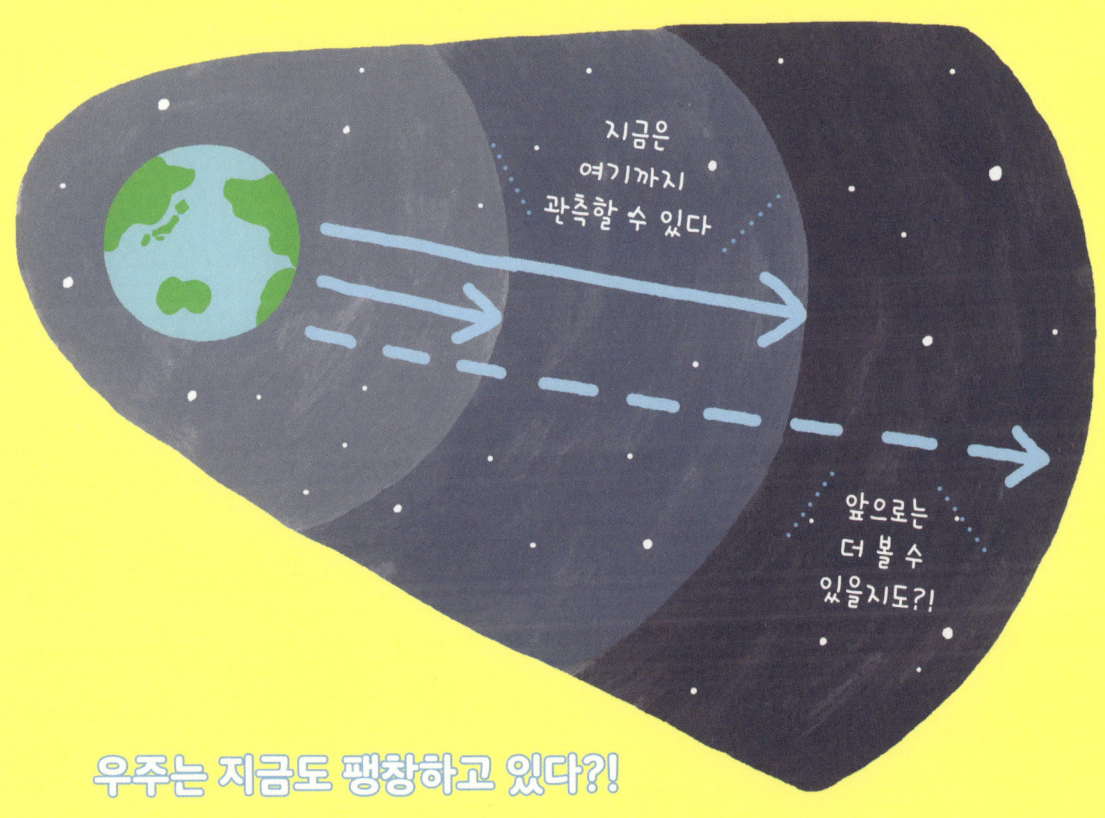

우주는 지금도 팽창하고 있다?!

우주는 탄생한 후로 계속해서 커지고 있어요.
현재는 138억 년 걸려서 빛이 나아간
거리(138억 광년 = 9조 5,000억 km)까지는 망원경으로 볼 수 있어요.

우주를 풍선으로 비유해 볼게요.
풍선에 별 그림을 잔뜩 그린 다음
불어 보면 풍선 위에 그렸던
별들의 거리가 서로 멀어져요.
입과 가까운 곳에 그린 별보다
더 먼 곳에 그린 별이 더 빠르게 멀어지지요.
이처럼 우주는 지금도 팽창하고 있는
것으로 추측합니다. 반대로 풍선의 바람을
천천히 빼면, 별 사이의 거리는 계속 줄어들어
한 점으로 보일 거예요. 이 실험으로 우주가 시작된 모습을 볼 수 있습니다.

 **우주에는
왜 공기가 없을까?**

 **공기는 지구에서 만들어져.
이 공기들은 지구가 중력으로
끌어당기지.**

 공기는 지구에서
만들어졌구나!

지구에는 공기가 있습니다.
대부분 질소와 산소라는
두 가지 가스로 이루어져 있어요.
지구가 생긴 다음 생명이 탄생하고
햇빛으로 이산화 탄소를 산소로
바꾸는 식물이 나타났어요.
식물 덕분에 지구에 공기가 생긴 거죠.
아직 공기가 있는 다른 행성을
발견하지 못했어요.

왜 공기는 우주로
날아가지 않을까?

공기에도 무게가 있습니다.
무게가 있는 것들은 모두 지구가
중력으로 끌어당기지요.
그래서 공기가 우주로
도망가지 못하는 거예요.

높이 올라갈수록
공기가 없어진다구?

높은 산에 오르면
공기가 적어져 숨이 차요.
비행기가 나는 높이에서는
공기가 더 적어지지요.
지상에서 100km 높이가 되면
공기가 거의 없어요.
100km보다 더 높은 곳을
우주 공간이라고 해요.

우주 왕복선(스페이스 셔틀)
고도 300km 정도로 공기가 거의 없어요.

비행기
고도 10km 정도로 공기가 적어요.

지구

왜 사람은 공기를 마시거나 뱉어야 할까?

사람은 공기를 들이마셔요. 이때 산소는 폐에서 흡수하고, 들어온 산소는 피를 따라 몸 전체로 퍼져요. 산소를 몸 구석구석으로 보내서 음식으로 섭취한 영양소와 함께 움직이기 위한 에너지의 원천이 되는 물질을 만들지요. 폐는 들이마신 공기 중에서 이산화 탄소를 배출해요. 이산화 탄소는 피와 함께 폐로 옮겨진 다음, 숨을 뱉을 때 밖으로 나와요.

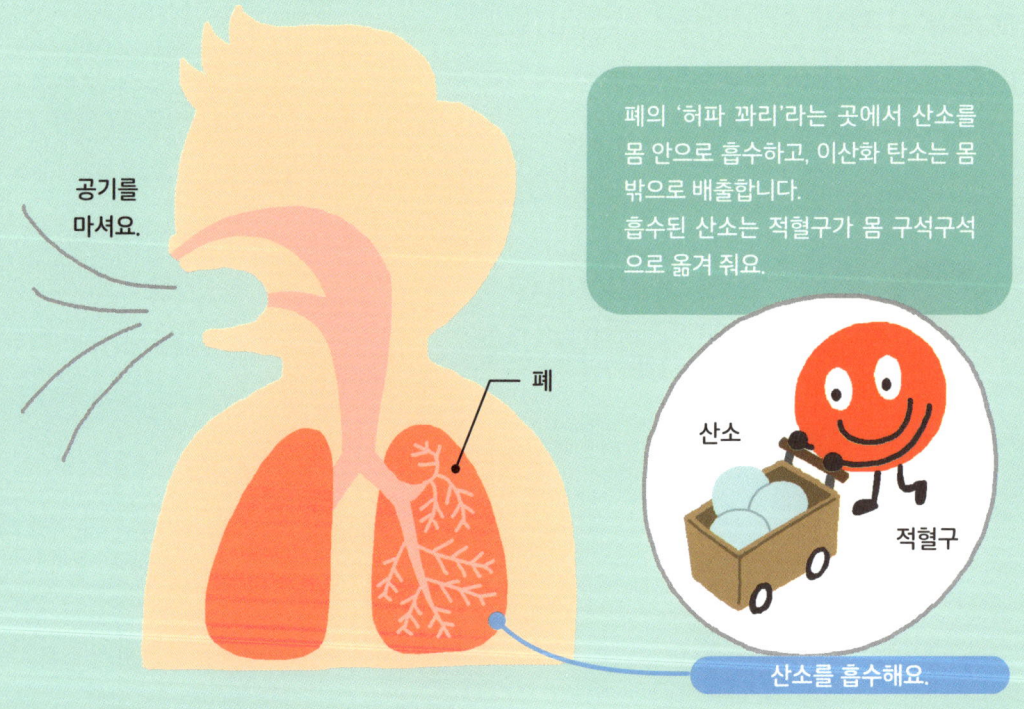

폐의 '허파 꽈리'라는 곳에서 산소를 몸 안으로 흡수하고, 이산화 탄소는 몸 밖으로 배출합니다.
흡수된 산소는 적혈구가 몸 구석구석으로 옮겨 줘요.

산소는 살아가기 위해 꼭 필요해!

높은 산에서는
숨이 찰 때가 있어요

산꼭대기에 가까워질수록 공기가 적어지고
공기 중 산소의 양도 줄어들어요.
몸속에 산소가 부족해지면 숨이 차게 돼요.

사람은 물속에서
숨을 쉴 수 없어요!

물속의 산소의 양은 공기와 비교해서 매우
적을 뿐만 아니라 사람의 폐로는
물속 산소를 흡수할 수 없어요.
그래서 사람은 물속에서 살 수 없지요.

물고기는
아가미 호흡을 해요

물고기는 물속의 산소를
아가미로 빨아들여요.
아가미를 살펴보면, 꼬챙이처럼 생긴
이빨이 아주 많이 붙어 있어요. 그 위에 난
더 얇은 이빨 같은 것으로 최대한 많은
산소를 빨아들여요.
그래서 물고기는 물속에서도
호흡하며 살 수 있지요.

 **인공위성은
무엇일까?**

 지구 주위를 돌며
우리의 생활을 편리하게
만드는 정보들을 전해 줘.

 왜 위성은
멀리 날아가지 않을까?

위성이란 지구 같은 행성 주위를
도는 별이에요.
위성은 서로 잡아당기는 힘인
인력으로 행성 주변을 돌고
있어요.
달은 지구의 위성이에요.
인공위성은 사람이 만들어서
지구 주위에 띄운 위성이지요.

인공위성은 어떤 일을 해?

인공위성은 하늘과 구름을 관측해 일기를 예보하고, GPS 등으로 차나 비행기를 안전하게 운전하기 위한 정보를 제공해요.

TV, 스마트폰

인공위성을 통해 전파를 주고받는 덕분에, TV도 보고 스마트폰으로 전화할 수 있어요.

일기 예보

인공위성은 지진 등 지구에서 일어나는 자연재해의 영향을 받지 않아요. 그래서 정확한 예보를 할 수 있지요.

비행기, 차

GPS를 이용하면 비행기의 조종사나 차의 운전자가 자신의 위치를 확인하고 목적지까지 안전하게 갈 수 있어요.

파라볼라 안테나

인공위성에서 보낸 전파를 받기 위한 안테나예요. 동그란 접시 모양이지요. 크기가 큰 것도 있지만, 집에서 사용하기도 해요.

인공위성은 어떻게 나는 걸까?

인공위성

땅으로부터
36,000km 높이에서
1초에 7.9km의 속도로 날리면,
땅에 떨어지지 않고
지구 주위를 돌아.

떨어지지 않는다니
신기하다!

더 알고 싶어요!

인공위성이 떨어져도 지구에 도착하기 전에 활활 타 없어진다

인공위성은 속도가 줄어들지 않도록 때때로 연료를 써서 궤도를 수정해요. 인공위성의 수명은 모든 연료가 다 탈 때까지예요. 연료가 다 타서 지구에 떨어지더라도 인공위성 대부분은 대기권에 들어올 때 불에 타면서 없어져요.

빠른 속도로 지구 주위를 빙글빙글 돌아요

인공위성은 속도가 1초에 7.9km를 날아가는 정도예요. 매우 빠르기 때문에, 지구를 벗어나거나 지구로 떨어지지 않고 계속해서 원을 그리며 돌아요.

공을 던져 보면?

공을 던지면 땅에 떨어져요. 공을 세게 던지면 속도가 빨라져 더 먼 곳까지 날아가지요. 만약에 공의 속도가 인공위성처럼 빨라진다면 지구를 따라 날아가게 되어 땅으로는 떨어지지 않을 거예요.

 # 우주 정거장에서는 어떻게 지낼까?

 # 어떻게 생활하는지 살펴보자!

몸이 붕 뜬다!

우주 정거장에서는 무게가 없어지는 무중력 상태가 되기 때문에 사람은 지구에서처럼 행동할 수 없어요.

잠을 잘 때는?

중력이 없기 때문에 잠잘 때도 몸이 붕 뜰 거예요. 위험하겠지요? 침낭이 움직이지 않게 고정한 뒤 잠을 자요.

씻을 때는?

우주 정거장에는 물이 사방팔방으로 튀어요. 그래서 씻을 때는 수건에 물과 제품을 묻혀 닦아요. 머리는 물이 필요 없는 드라이 샴푸로 감아요.

'국제 우주 정거장'이란?

국제 우주 정거장(ISS)은 약 400km 상공에
떠 있는 우주 실험 시설이에요.
미국, 영국, 일본, 브라질 등
세계 15개국이 협력을 하고 있지요.

국제 우주 정거장

우주에서는 근력이 약해진다고요?

지구에서 사람은 서 있기만 해도
근력을 써요. 중력을 견디며
자세를 유지하기 위해서지요.
하지만 우주에서는 중력을 버티지
않아도 돼서 서서히 근력이 떨어져요.
우주 비행사는 근력을 유지하기 위해
우주 정거장 안에서 열심히 운동해요.

생각해 보세요!

**지구가 아닌 행성에서 산다면
어떤 행성이 좋을까?**

지구 옆에 있는 화성? 아니면 더 먼 곳? 외계인이 있는 행성?
외계인은 정말 있을까요? 무중력 우주에서 무엇을 하고 놀 수 있을까요?

인공위성을 만들어 보자

준비물

- 스펀지 … 3개
- 두루마리 휴지 심 … 1개
  * 세로로 반을 잘라요.
- 고무줄 … 13개
  * 먼저 고무줄 7개를 길게 연결해요.
- 비닐봉지 … 1개
- 알루미늄 포일
- 가위
- 테이프

실험 방법

1

스펀지 한 개를 반으로 접어 비닐봉지에 넣고 묶습니다. 두루마리 휴지 심을 반으로 갈라 각각 알루미늄 포일을 붙이세요.

봉지를 휴지 심에 붙여요.

2

스펀지 두 개를 사진처럼 자르고 자른 부위에 고무줄을 걸어요. 인공위성의 패널 부분이에요. 휴지 심 안쪽에 ①번 봉지를 붙이고, 패널 역할인 스펀지를 붙여요.

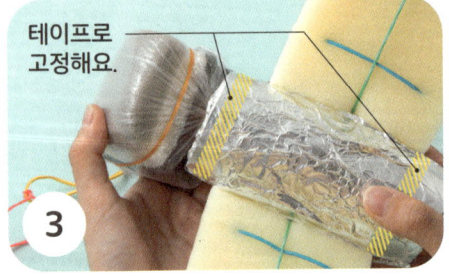

테이프로 고정해요.

3

남은 휴지 심을 위에 올리고 위아래의 휴지 심을 테이프로 단단히 붙여요. 봉지에 고무줄을 감아요.

* 주변에 사람이 없는지 확인하고 돌리세요.

고무줄 끝을 손으로 잡고 빙글빙글 돌려 보세요.

지구와 우주의 수수께끼

우리 주변의 수수께끼

집, 도로, 전철, 스마트폰 등…
우리 주변에는 수수께끼가 가득해요.
크고 무거운 비행기는 어떻게 하늘을 날까요?
전기는 어디에서 올까요?
궁금했던 일들의 원리를 알아봐요!

크고 무거운 배는
어떻게 물에 뜰까?

배의 무게보다
물에 뜨는 힘이 커서 그래.
배의 모양 덕분이지.

배의 모양이 중요하구나!

배는 어떤 모양일까?

찰흙을 덩어리째로 물에 넣으면 가라앉습니다.
하지만 밥그릇 모양으로 만들면 물 위로 뜰 거예요.
배도 밥그릇처럼 중간이 파인 모양을 띠고 있지요.
각 사물은 <u>밀도</u>라는 값을 가지고 있어요.(187쪽 참고)
물의 밀도는 1인데, 사물의 밀도가 1보다 작으면 뜨고
크면 가라앉지요. 186쪽 실험에서 확인해 보세요!

뜨는 힘과 가라앉는 힘

물에 물건을 넣으면 가라앉거나 뜨는 데에 이유가 있어요.
물건이 물속에 가라앉는 다른 이유는 **중력**이라는 힘 때문이에요.
그리고 물이 물건을 뜨게 하는 힘은 **부력**이라고 해요.

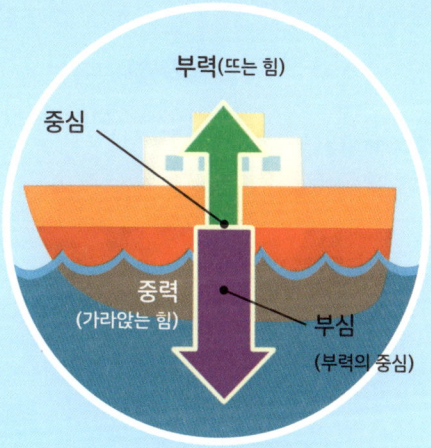

균형이 잡히면 떠 있을 수 있다!

부력(뜨는 힘)
중심
중력 (가라앉는 힘)
부심 (부력의 중심)

'부력'이란 무엇일까?

물 위에 뜨는 공이나 튜브를 아래로 눌러 본 적 있나요?
물 아래로 가라앉지 않고 계속해서 위로 떠오를 거예요.
공을 위에서 누르는 힘과 아래에서 미는 힘을 비교했을 때 아래에서 미는 힘이 더 커서 위로 떠오르는 거랍니다.
이 힘이 바로 부력이에요.

유토 찰흙으로 배를 만들어 물에 띄우자

공기 중에서 '무겁다', '가볍다'라는 감각만으로는 물에 뜰지 가라앉을지 알 수 없어요. 실험을 통해 확인해 보세요.

준비물

- 유토 찰흙
- 점토판

어떤 모양이어야 물에 뜰까?

실험 방법

1 유토 찰흙을 잘 빚어 배 모양을 만들어요.

* 되도록 얇게 펴서 배 안에 인형이 들어갈 만한 크기로 만들어요.

2 배를 만들었다면 물에 띄워 보세요. 잘 뜨지 않으면 모양을 조금씩 바꿔 보세요.

왜 배 모양으로 만들면 물에 뜰까?

배가 물에 뜰지 가라앉을지 알려면 조금 복잡한 나눗셈 이야기를 해야 해요.
'질량÷부피' 값인 밀도가 물의 밀도인 1보다 큰지 작은지에 따라 알 수 있어요.
찰흙을 동그랗게 뭉치면 부피가 작아져서 밀도는 1보다 커지지만,
배 모양으로 만들면 부피가 커지기 때문에 밀도는 1보다 작아져요.
밀도가 1보다 작아야 물에 뜰 수 있어요.

뜨지 않아요.

부피를 크게 하면? →

뜬다!

배에 돛을 달거나 인형을 태워 보세요

찰흙 배가 물에 잘 뜬다면, 돛을 달거나
인형을 태워 물에 띄워 보세요.
가늘고 긴 배나 폭이 넓은 배 등,
여러 가지 모양으로 만들어서 실험해 보세요.

색종이 양 끝에
구멍을 뚫어
대나무 꼬치(또는 젓가락)를
끼워 돛을 만들어요.

대나무 꼬치는
고무줄로 고정해요.

찰흙을
뭉친 것!

인형의 무게를 바꿔도 물에 뜰까?
위의 인형은 75g, 아래 인형은 40g.
* 물에 젖어도 되는 인형으로 실험하세요.

Q 비행기는
크고 무거운데 어떻게
하늘을 날 수 있을까?

A 제트 엔진이나 프로펠러를
써서 빠른 속도로
날아가기 때문이야.

비행기 무게가 200톤?

비행기는 기종마다 다르지만
보통 100~200톤 정도로 꽤 무거워요.
얼마나 무겁냐구요?
자동차와 비교해 봐요.
일반 자동차는 1.5톤 정도예요.
자동차 약 133대가 있어야
비행기 무게와 비슷해져요.

왜 떨어지지 않을까?

날개의 위아래로 공기가 흘러서 비행기가 뜰 수 있어요

제트 엔진이나 프로펠러를 써서 비행기가 빠른 속도로 나아가면, 날개의 위와 아래에 공기가 흐릅니다. 이때 위와 아래의 공기가 다른 속도로 흐르고 압력이 달라지면서 날개에 비행기를 뜨게 하는 힘인 **양력**이 생겨요. 양력 덕분에 비행기는 하늘을 날 수 있는 거예요.

공기의 흐름을 눈으로 봐요!

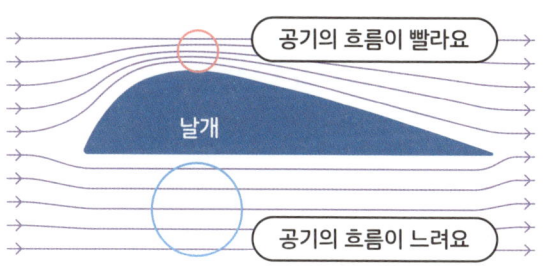

그림처럼 날개의 위와 아래를 흐르는 공기의 속도가 달라요.
공기가 빠르게 흐르면 물건도 그 방향으로 같이 끌려 가요.
공기가 비행기 날개를 위쪽으로 올리는 셈이지요.

비행기 날개를 띄워 보자

무거운 비행기가 하늘을 날다니, 정말 신기하지요.
비행기 날개를 만들어서 비행기가 나는 원리를 알아봅시다.
184쪽에서 배를 물 위에 띄우는 것과 원리가 어떻게 다른지 비교해 보세요.

준비물

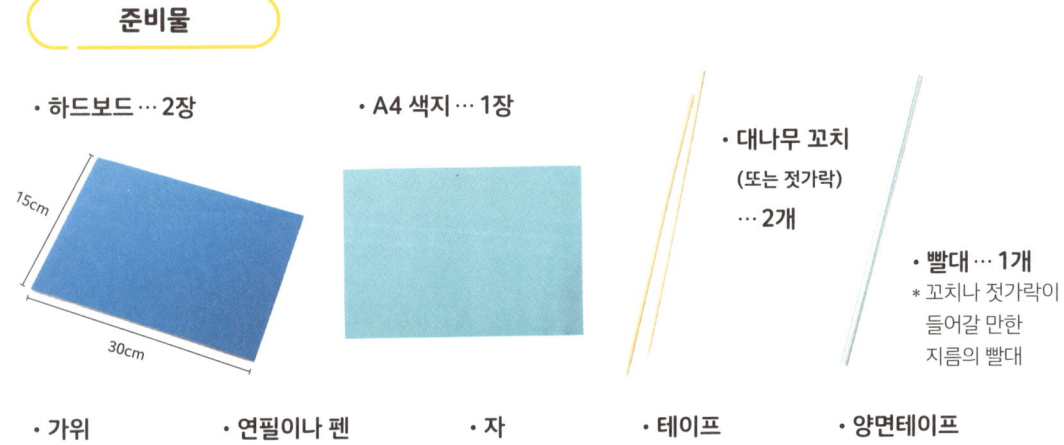

- 하드보드 … 2장 (15cm × 30cm)
- A4 색지 … 1장
- 대나무 꼬치 (또는 젓가락) … 2개
- 빨대 … 1개
  * 꼬치나 젓가락이 들어갈 만한 지름의 빨대
- 가위
- 연필이나 펜
- 자
- 테이프
- 양면테이프

실험 방법

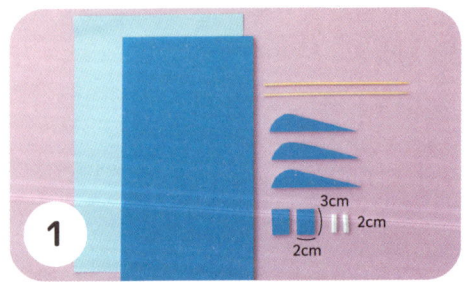

1. 하드보드와 빨대를 잘라 사진과 같이 준비하세요. 작은 날개 모양으로 하드보드를 잘라 그 위에 색지를 붙여요.
   ※ 주의! 하드보드를 자를 때는 어른에게 부탁하세요.

2. 작은 날개의 옆 부분에 양면테이프를 붙입니다.

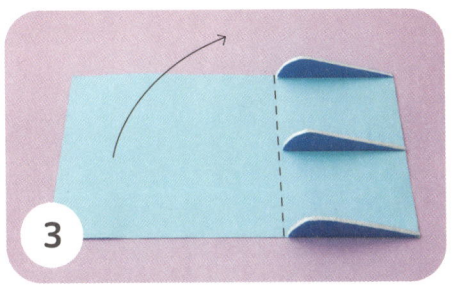

②의 작은 날개를 색지 오른쪽에
붙입니다. 왼쪽 부분을 뒤집어 붙여요.

남은 부분을 잘라 내고, 테이프로
붙입니다. 큰 날개를 만들었어요.

검지로 균형을 잡아 그 부분에 빨대를
붙입니다. 양쪽 다 같은 위치에 붙입니다.

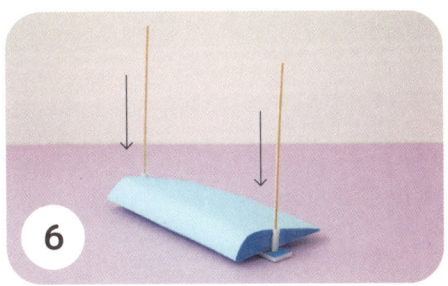

빨대 아래에 작게 자른 하드보드 조각을
붙여요. 대나무 꼬치를 하드보드 조각에
꽂습니다.

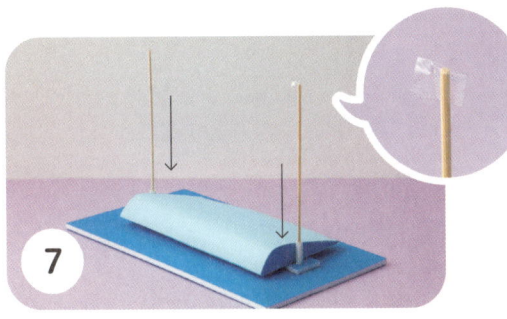

꼬치 위쪽에 구름 모양 종이를 붙여
날개가 위로 빠지지 않도록 하세요.
작은 조각 아래에는 하드보드를 붙여요.

선풍기나 드라이어를
날개 앞에
갖다 대어 보세요.
날개가 위로 떠오를
거예요!

 집으로
전기가 어떻게 들어올까?

 전기 에너지는 발전소에서 만들어지고, 송전선을 통해 집으로 보내져.

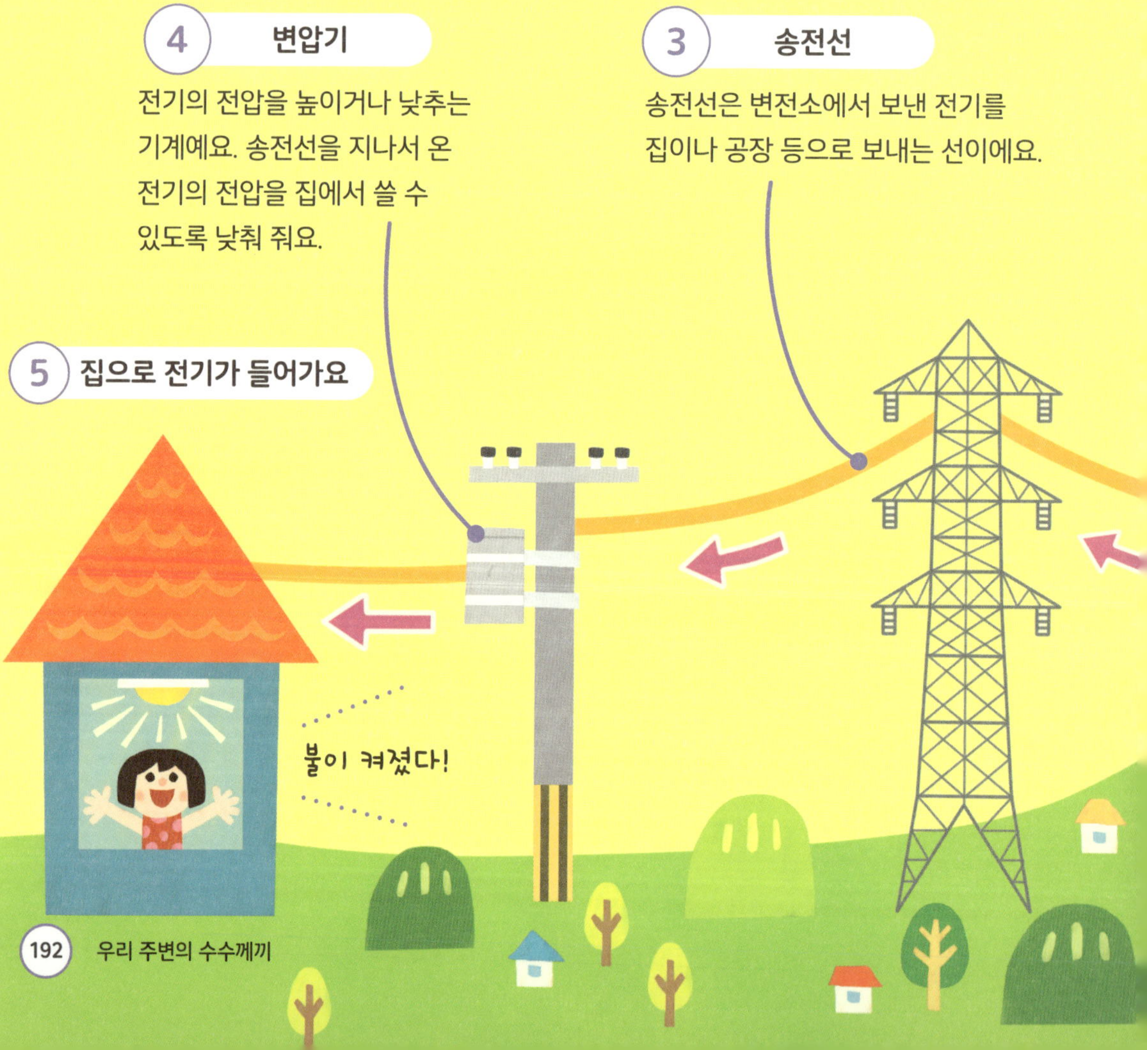

4 변압기
전기의 전압을 높이거나 낮추는 기계예요. 송전선을 지나서 온 전기의 전압을 집에서 쓸 수 있도록 낮춰 줘요.

3 송전선
송전선은 변전소에서 보낸 전기를 집이나 공장 등으로 보내는 선이에요.

5 집으로 전기가 들어가요

불이 켜졌다!

우리 주변의 수수께끼

전기가 집에
들어오기까지

1 발전소에서 전기를 만들어요

전기는 수력·화력·원자력 등 발전소에서
만들어져요.

수력 발전소

댐에서 많은 양의 물을
가두었다가 한 번에 아래로
떨어뜨리고, 물이 떨어질 때
물레방아를 돌리는 힘으로
발전기를 움직여
전기를 만듭니다.

원자력 발전소

'핵연료'를 활용해 열을 만들고
이 열로 물을 수증기로 만들어요.
이 수증기로 발전기를 돌려서
전기를 만들어요.

2 변전소

만든 전기를 그대로 집이나 공장으로 보내면 열이
발생해 오히려 전기를 낭비하게 돼요.
변전소에서 전압을 높인 다음에 보내면
낭비를 줄일 수 있어요.

화력 발전소

석유나 천연가스를 태워서 물을
수증기로 만들어요. 이 수증기로
발전기를 돌려서 전기를 만들어요.

전기란 무엇일까?

A 전기의 정체는 바로 **전자**라는 작은 알갱이예요.
전자는 전선 속에서 자유롭게 돌아다녀요.
전자가 같은 방향으로 한꺼번에 흐르는 것이 **전류**예요.
그리고 전류를 흐르게 하는 것을 **전압**이라고 해요.

전자와 전류는 서로 반대 방향으로 흘러!

전구를 발명한 에디슨

옛날에는 기름이나
양초를 태워서 불을 밝혔어요.
지금은 전선을 이용해
많은 전기를 흘려 보내요.
전기로 흘려 보낸 빛을 오래도록
유지하는 방법을 발명한 사람이
에디슨이에요.

콘센트를 만지면 위험해요!

전기 콘센트에 금속을 갖다 대면
전기가 흘러서 **감전**될 수 있어요.
감전되면 불이 날 수 있으니 조심해야 해요.
콘센트나 플러그를 젖은 손으로 만질 때도
전기가 몸에 잘 통하니 위험해요.
절대로 만지지 않도록 하세요.

Q 새는 왜 전선에 앉아도 감전되지 않을까?

 새의 몸은 전선보다 전류가 잘 통하지 않기 때문이에요.
전선에는 전류가 흐르고 있어요.
새가 전선 위에 있을 때 한 가닥의 전선에
양발로 머물러 있다면 새에게는 전류가 흐르지 않아요.
하지만 새가 두 가닥의 전선에 발을 각각 댄다면
감전될 거예요.

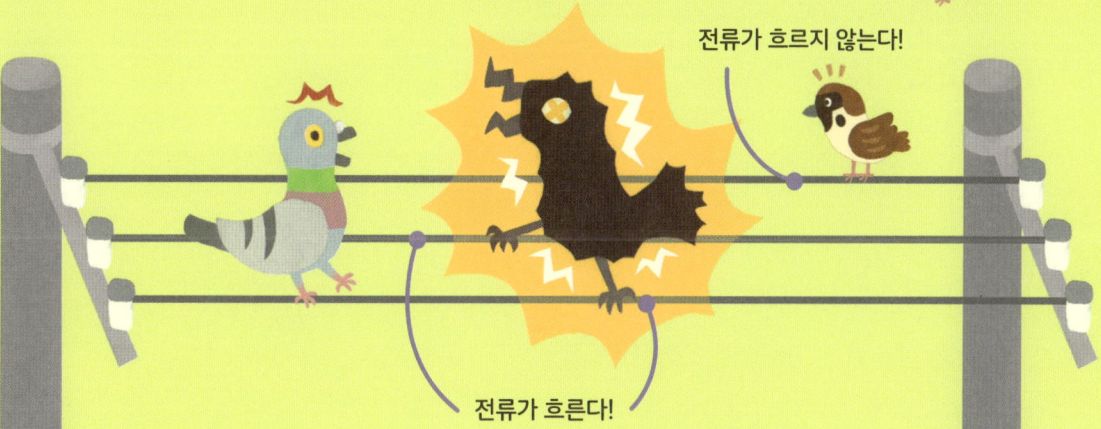

전류가 흐르지 않는다!

전류가 흐른다!

Q 수돗물은 어디에서 올까?

A 강물이나 지하수를 정수장에서 정화해 수도관을 통해 집까지 오는 거야.

참 많은 곳을 지나는구나.

3 집에서 물이 나와요

물이 나온다!

수돗물은 집까지 어떻게 올까요?
집에서 쓴 물은 어디로 갈까요?
물의 순환을 살펴봐요.

 **스마트폰으로 무엇을 할 수 있을까?**

 스마트폰은 우리와 가까운 컴퓨터 중 하나야. 생활을 편리하게 만들어 주지.

어떻게 활용할까?

컴퓨터는 무척 편리하지만, 커서 가지고 다닐 수 없어요. 가지고 다니기 쉽도록 컴퓨터를 손바닥 크기로 작게 만든 것이 스마트폰이에요. 스마트폰은 여러 가지 일을 할 수 있는 도구예요.

여보세요?

메일

통신 회선을 이용해 매우 간단히 보낼 수 있는 편지예요.
처음에는 글자만 보낼 수 있었는데, 지금은 사진과 동영상도 보낼 수 있게 되었지요.

검색

인터넷 세계는 백과사전 같아요.
온갖 정보가 가득 모여 있어요.
검색 사이트에서 궁금한 것을 찾아볼 수 있어요.

사진

스마트폰의 성능이 점점 좋아져서 디지털카메라만큼 사진을 잘 찍을 수 있게 됐어요.
사진뿐 아니라 동영상도 찍을 수 있지요.

노래를 듣고 전화하거나 동영상을 보는 등 여러 가지 일을 할 수 있어요.

이 작은 스마트폰 하나로 여러 가지 일을 할 수 있다니 정말 대단해!

 어떻게 삑! 하고 찍으면 결제가 되지?

현금 없이 물건 사기

지폐나 동전을 쓰지 않는 **전자 결제** 어플 덕분에 스마트폰으로 물건을 살 수 있게 됐어요.
2019년쯤부터 유행한 신종 코로나바이러스 때문에 비대면 활동이 많아져 전자 결제가 단숨에 널리 퍼졌어요.

스마트폰을 쓸 때는 규칙을 정해요!

스마트폰은 잘못 사용하면 위험할 수 있어요. 스마트폰 사용 시간이나 장소를 정하고 모르는 사람과는 연락하지 않는 등 어른과 함께 규칙을 정하고 나서 사용하는 것이 안전해요.

Q 스마트폰으로 어떻게 대화를 할 수 있을까?

A 전화기는 목소리를 전기 신호로 바꿔서 보내요. 멀리 떨어진 상대의 전화기에서 전기 신호가 다시 목소리로 바뀌기 때문에 대화할 수 있어요. 스마트폰은 전기 신호를 전파에 실어 기지국으로 보냅니다.

전파
전파는 **전자파**의 일종인데, 파도와 같은 모양으로 멀리 퍼지는 것을 말해요. 스마트폰은 목소리를 전기 신호로 보내는, 즉 '디지털 신호'를 사용해요.

기지국
스마트폰의 전기 신호가 도달하는 범위는 2km 정도예요. 그 안에 있는 기지국이 스마트폰의 전파를 수신해서 상대 기지국으로 보내고, 다시 전파에 실어 수신자에게 보냅니다.

 **교통 카드로 어떻게 전철을 탈 수 있을까?**

 **IC 카드에 들어 있는 결제 정보를 개찰기의 전파에 보내 교통비를 내는 거야.**

카드 어느 부분에 정보가 있는 걸까?

교통 카드는 IC 카드예요. 개찰기에 삑 하고 찍기만 하면 전철이나 버스를 탈 수 있어요. 교통 카드에는 결제 정보 등이 담긴 'IC 칩'이 들어 있어요. 카드를 터치하면 카드 리더기에서 나오는 전파와 접촉하는데, 이때 카드에서 전력이 발생해서 전기로 정보를 주고받아요.

IC 카드를 읽는 원리

IC 카드
IC 칩과 코일로 이루어진 카드예요. 리더기에 가까이 대었을 때만 정보를 주고받을 수 있어요.

IC 칩
IC 칩은 컴퓨터의 두뇌와 거의 같은 일을 해요. IC 칩에는 결제 정보 등이 들어 있어요.

코일
전선을 고리처럼 돌돌 만 것이 코일이에요. 코일에 전기가 흐르면 리더기와 IC 칩 사이에서 정보를 주고받게 돼요.

IC 칩
코일

1 리더기가 전파를 내뿜어요.

2 카드에서 전류가 발생해요.

3 전력이 IC 칩을 움직여요.

리더기
항상 전파를 내뿜고 있어서 IC 카드가 닿으면 정보를 주고받아요.

Q 자기 부상 열차는 어떻게 붕 떠서 달릴까?

A 자석을 활용하지. 자석의 힘을 이용해 살짝 떠오른 상태로 달려.

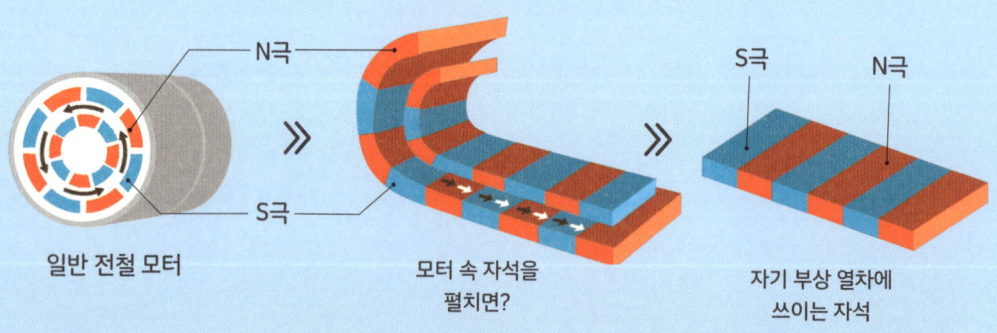

| 일반 전철 모터 | 모터 속 자석을 펼치면? | 자기 부상 열차에 쓰이는 자석 |

자기 부상 열차

N극과 S극

자석에는 N극과
S극이 있어요.
N극과 S극이 만나면
서로 끌어당겨요.
하지만 N극과 N극, S극과
S극 이렇게 같은 극끼리
만나면 서로 밀어내지요.

끌어당기는 힘과 밀어내는 힘

자기 부상 열차가 다니는 레일의 양쪽 벽에는 자석이 붙어 있어요.
자석이 끌어당기는 힘과 밀어내는 힘이 작용해서
열차를 공중에 띄워 앞으로 갈 수 있는 거예요.

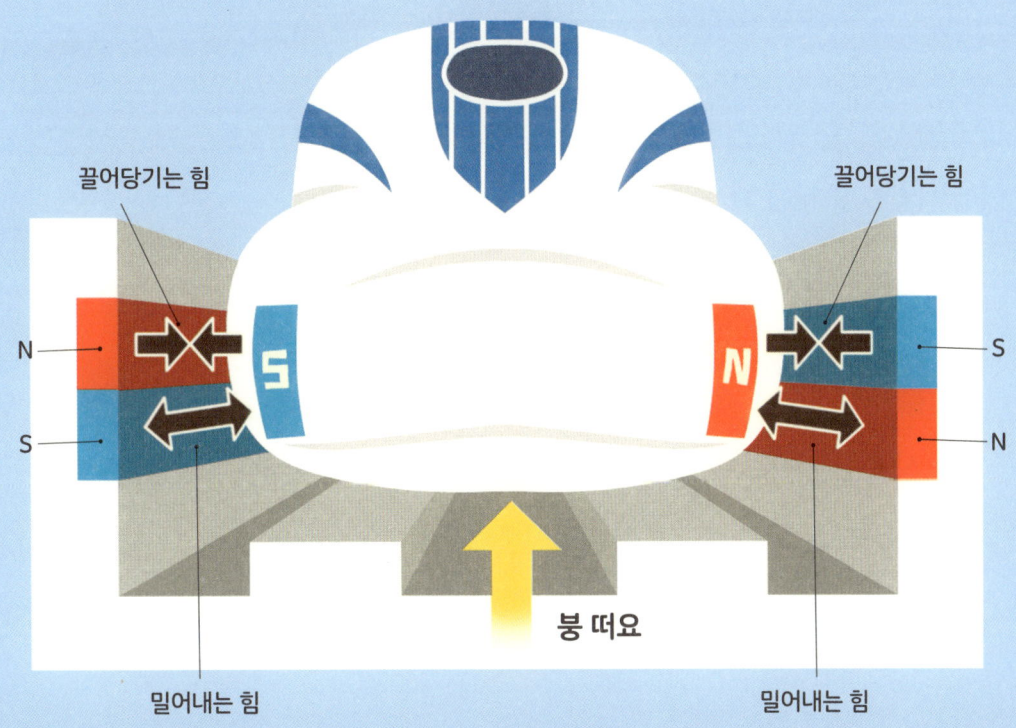

 핫팩은
왜 뜨거워질까?

 핫팩 안에 있는
철과 공기 중의 산소가
만나 뜨거워져.

 만나기만 하는데도 뜨거워진다구?

자전거가 겉면이 벗겨져서 갈색으로
변한 부분을 본 적이 있나요?
이 부분을 '녹슬었다'라고 하지요.
자전거의 철 부분이 녹스는 이유와
핫팩이 따뜻해지는 원리는
사실 똑같아요.
둘 다 물질과 산소가 만나
화학 반응을 하는 것이지요.
이를 산화 반응이라고 합니다.
철이 녹슬어도 따뜻해지지 않는
이유는 산소와 천천히 붙기
때문이에요.

 또 다른 반응은 뭐가 있을까?

표백제

얼룩이나 때를 없애는 세제예요.
때와 산소가 만나 화학 반응을 일으켜 깨끗해지지요.

냉각제

무언가가 물에 녹을 때 주변의 열을 흡수하는 화학 반응을 **흡열 반응**이라고 해요.
누르면 차가워지는 팩이나 시원한 타월에도 냉각제가 들어 있어요.

끈을 잡아당기면 따뜻해지는 도시락

핫팩처럼 열을 밖으로 보내는 화학 반응이 **발열 반응**이에요.
물과 반응하면 뜨거워지는 산화 칼슘(석회)은 따뜻해지는 발열 도시락에 쓰여요.

 참 여러 가지 반응이 있구나.

 ## 자기 카드의 정보를 살펴보자

이제 더는 종이 승차권을 쓰지 않지만 혹시 일본이나 다른 나라로 여행을 다녀온 적 있다면 아래에 있는 종이 승차권을 본 적 있을 거예요!
종이 승차권 또는 카세트 속 자기 테이프로도 실험할 수 있어요.
검은 부분에는 어떤 정보가 기록되어 있을까요?

준비물

- 자기 카드 … 1개
  * 종이 승차권 또는 자기 테이프

- 다 쓴 핫팩 … 1개
  * 안에 들어 있는 자잘한 쇳가루를 사용합니다.

- 자석
- 대야
- 물
- 비닐봉지 … 1장
- 작은 그릇

실험 방법

1 대야에 물을 채우고 핫팩 주머니를 열어 쇳가루를 넣어요.

2 자석을 비닐봉지에 넣으세요. 그대로 대야 안에 넣으면 자석에 쇳가루가 달라붙어요.

우리 주변의 수수께끼

물에 떠 있는 쇳가루에 자석을 갖다 대면 자잘한 쇳가루가 모여요. 쇳가루를 작은 그릇에 넣습니다.

대야를 비우고 다시 한번 물을 채우세요. 작은 그릇 속 쇳가루를 넣고 섞어요.

대야에 자기 카드를 조심스레 넣어요.

카드의 까만색 부분에 쇳가루가 붙을 거예요. 조금 기다리면 자기 카드의 정보가 보여요!

자기 카드의 정보가 어떻게 보이는 걸까?

자석에는 N극과 S극이 있어요. 자기 카드는 이 N극과 S극으로 바코드 등을 만드는데, 거기에 여러 가지 정보가 가득 차 있어요. 자기 카드의 N극과 S극에 쇳가루가 달라붙으면, 까만색이었던 부분에 숨어 있던 바코드를 볼 수 있어요.

 탱탱볼은 왜
땅에 닿으면 튀어 오를까?

 공의 고무와 안에 있는 공기가
원래 모양으로 돌아가려고
하기 때문이야.

 두 개의 힘이 합쳐졌네!

고무공이 잘 튀는 이유는
물체가 줄어들거나 늘어날 때 원래
모양으로 돌아가려는 힘인 탄성
때문이에요. 고무에도 탄성이 있지만
탱탱볼 안에 든 공기도 원래대로
돌아가려는 힘이 있어요.
공기가 들어 있지 않은 공에는
고무의 탄성만 있어서
크게 튀지 않아요.

 공은 왜 떨어질까?

공을 멀리 던지려면?

공을 던질 때 각도를 45°로 맞춰 세게 던지면 멀리 날아가요. 각도가 낮거나 높으면, 45°로 던질 때보다 짧은 거리밖에 날지 못해요.

지구 위에 있는 물체에는 모두 **중력**이 작용해요. 공도 지구가 끌어당기기 때문에 땅으로 떨어지는 거예요.

고무풍선을 잡아당기면 따뜻해져요

고무는 잡아당기면 고무 **분자**가 움직이면서 밖으로 열을 내뿜기 때문에 따뜻하게 느껴져요. 반면 수축했을 때는 밖에서 열을 빼앗기 때문에 차가워지지요.

어떤 공이 높이 튀어 오를까?

여러 공을 사용해서 실험해 보세요. 튀어 오른 공이 물건이나 사람을 치지 않도록 넓은 장소로 나가서 하는 게 좋아요.

준비물

- 테이프
- 줄자
- 스마트폰

집에 있는 공

예

- 큰 고무공
- 작은 고무공
- 야구공
- 테니스공
- 탁구공
- 탱탱볼

어떤 공이 제일 잘 튈까?

실험 방법

1 줄자를 벽에 테이프로 붙입니다.

2 공을 떨어뜨린 다음 스마트폰으로 사진 또는 영상을 찍어요. 여러 공이 튀어 오른 높이를 재서 비교해 보세요.
또 같은 공으로 여러 번 실험해 높이 튀어 오른 기록을 비교해 보세요.

여러 가지 공으로 실험해요

◉ 힘차게 튀어 오르는 공

큰 공 위에 작고 가벼운 공을 올린 다음
두 공을 동시에 떨어뜨려 보세요.
위쪽에 있는 공이 생각보다
훨씬 더 높은 곳까지 튀어 오를 거예요.

동시에 떨어뜨리면 어떻게 될까?

◉ 탱탱볼의 진실

탱탱볼은 원래 높이보다 더 높은 곳까지
튀어 오른다고 생각하는 친구들이 많을
거예요. 공을 떨어뜨려서 확인해 보세요.

◉ 스포츠를 할 때 쓰이는 공 비교하기

야구, 축구, 테니스 같은 구기 스포츠에서
공은 단단한 정도나 크기 등이
규칙으로 정해져 있어요.
스포츠마다 공에 어떤 규칙이 적용되는지
인터넷으로 알아보세요.

공이 튀어 오르는 높이는 왜 다를까?

여러 이유가 있지만 가장 눈에 띄는 이유는 공의 재료 차이예요. 탁구공처럼
플라스틱으로 만들어진 공보다 고무로 만든 공이 더 잘 튀어 올라요.
또 공에 공기가 가득 차 있을 때와 공기가 조금 빠졌을 때 둘 중 무엇이 더 잘 튀어
오를까요? 공기가 가득 차 있는 공이에요. 단단해져서 튀어 오르는 힘도 더 세지요.

 **산에서 큰 소리로 외치면 왜 메아리처럼 들릴까?**

 **소리는 사물에 닿으면 튕겨져서 그대로 되돌아와. 공기의 진동 때문이야.**

 소리가 튕겨서 돌아오는 거였어.

눈에 보이지 않지만, 소리를 내면 공기는 물결처럼 떨립니다.
소리는 1초 동안 약 340m나 이동해요.
소리가 이동할 때 파동이 산, 건물 등에 부딪치면
그대로 튕겨져 돌아오기 때문에 똑같은 소리가 들리는 거예요.
이것을 메아리라고 불러요.

1 소리를 내요
2 산과 부딪쳐 되돌아와요
3 귀에 들려요

> **해 보세요!**
>
> ### 메아리를 성공적으로 울려 보자
>
>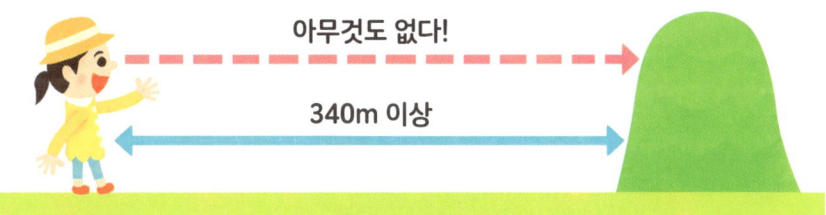
>
> - 산이나 큰 건물과 나 사이에 아무것도 없는지 확인해요.
> - 340m 이상 떨어져 있으면 메아리가 잘 들려요.

콘서트홀에서는 왜 좋은 소리가 날까?

벽과 천장에 소리가 잘 부딪치게 만들었기 때문이에요. 홀을 만들 때는 벽과 천장의 모양, 재질을 하나하나 따져서 소리가 잘 울려 퍼지도록 해요.

소리가 공기를 떨게 한다고요? 눈으로 확인해 봐요

믿기 어렵겠지만, 소리는 공기의 떨림이에요.
실험을 통해 확인해 보세요.

소리에 따라 달라지는 소금의 모양

준비물

- 믹싱 볼
- 랩
- 가는소금

왜 소금이 움직일까?

공기의 진동이 믹싱 볼에 씌운 랩을 떨게 해요. 소금도 함께 움직이지요. 신기하게도 이때 소금이 어떤 모양을 만들어요. 이것을 클라드니 도형이라고 해요.

실험 방법

1

믹싱 볼에 랩을 팽팽하게 씌워요.
랩 위에 소금을 골고루 뿌립니다. 랩에 대고 소리를 내거나 노래를 불러 보세요.

다양한 소리로 신기한 모양을 만들어 보자!

목소리는 풍선을 타고

준비물

- 가늘고 긴 풍선 … 1개
- 믹싱 볼
- 물
- 가위나 커터 칼
- 종이컵 … 1개

반대쪽에 종이컵을 하나 더 달면 전화기 완성!

실험 방법

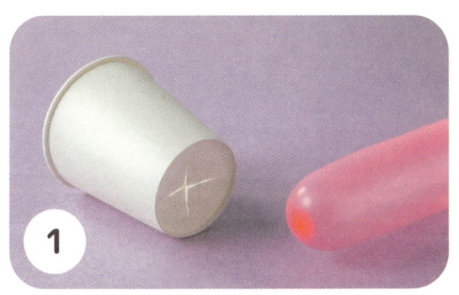

가늘고 긴 풍선에 바람을 넣고 입구를 묶어요. 종이컵 바닥에 X자로 칼집을 내고, 풍선을 꽂아 넣어요.

※ 주의! 칼집을 낼 때는 어른에게 부탁하세요.

믹싱 볼에 물을 채우고 풍선 끝이 물에 닿도록 담가요. 종이컵에 입을 대고 말을 띄엄띄엄해 보세요. 소리가 날 때만 수면에 잔물결이 일 거예요.
공기가 진동하면 풍선 끝이 떨리는데, 그 진동 때문에 수면이 흔들리는 현상을 눈으로 확인할 수 있어요.

수면에 물결이 생겼어!

Q 하루는 왜 24시간일까?

A 달이 1년에 12번 차고 기울기 때문에 정해진 숫자야.

2000년도 더 된 먼 옛날에 정해졌대!

와! 간식 시간이다!

고대 이집트인들은 낮을 12(시간), 밤도 12(시간)로 나눴어요.
그리스의 천문학자인 히파르코스는 '낮의 12와 밤의 12를 합쳐서 하루를 24로 나눈다.'라고 정했어요. 이렇게 해서 하루는 24시간이 되었어요.

24란 숫자는 어디에서 왔을까?

고대 이집트

시간을 알면 편리할 텐데….

달 모양이 바뀌는 것이 12번 반복하면 1년이 돼!

낮 12 등분

밤 12 등분

똑같이 나눠 보자!

12+12=24
이것을 하루로 정하자!

천문학자 히파르코스

옛날에도 시계가 있었을까?

세계 최초의 시계

첫 시계는 해시계로 추측합니다. 고대 이집트인이 낮을 12시간으로 나눠서 해시계를 만들었어요. 땅에 꽂은 막대기의 그림자 방향과 길이를 보고 시간을 알 수 있었어요.

해시계로 사용되었던 오벨리스크
(로마 몬테시토리오 광장)

해시계의 원리

지구는 자전하기 때문에 태양은 1시간에 15°씩 움직이는 셈이에요. 그래서 시계의 그림자도 15°씩 움직이지요. 태양의 움직임으로 생기는 그림자를 이용해 시간을 계산한 시계예요.

1시간에 15°씩 움직이는 옛날의 석조 해시계

모래시계의 원리

가운데가 잘록한 호리병 모양의 유리병 위쪽에서 보슬보슬한 잔모래를 떨어뜨리고, 그 양으로 시간을 쟀다고 추측합니다.

물시계의 원리

물시계는 작은 구멍에서 물방울이 일정한 간격으로 똑똑 떨어져요. 이 물이 줄어든 양을 보고 시간을 쟀다고 추측합니다.

로마에 있는 옛날 물시계

Q 2월 29일은 왜 4년에 한 번밖에 없을까?

A 지구가 태양 주변을 한 바퀴 도는 데 1년이 걸려요. 정확하게 365일 하고 약 6시간이에요. 1년 동안 6시간씩 차이가 쌓이는 거예요. 4년이 지나면 24시간 정도 차이가 나요. 그래서 4년에 한 번 2월 29일이 있는 윤년을 만들어 시간을 조정하는 거예요.

찾아보기

숫자, 알파벳

3대 영양소 … 77, 78
DNA … 35, 96, 97
IC 카드 … 202, 203
N극 … 204, 205, 209
S극 … 204, 205, 209

ㄱ

각막 … 112, 113
감전 … 195
고막 … 22, 177
고적운 … 141
고체 … 86
고층운 … 141
공전 … 157, 168
광산 … 146
광합성 … 50~52, 57, 72, 73
교감 신경 … 125
굴절 … 113, 148
권운 … 140
권적운 … 141
권층운 … 140
규모 … 152, 153
꼬리뼈 … 13
꽃가루 … 38, 39, 42~44, 122
꽃받침 … 58

ㄴ

난층운 … 141
내이 … 116, 117
냄새 분자 … 120
눈물샘 … 106
눈물점 … 106

ㄷ

단백질 … 76~79, 82, 101, 134
달팽이관 … 117
당 … 78
대장 … 101, 103
동맥 … 110, 111
딸꾹질 … 107

ㄹ

리모넨 … 61

ㅁ

마이크로파 … 84~87
마찰열 … 84, 85
만유인력 … 167
망막 … 112~114
맹점 … 114
메아리 … 214, 215
모세 혈관 … 103, 122
물시계 … 220

미생물 … 25, 63, 92~94
미토콘드리아 … 97
밀도 … 184, 187

ㅂ

발아 … 48
발열 반응 … 207
발효 … 62~65, 94
배설 … 101
백혈구 … 111
베타카로틴 … 60
보호색 … 31
부교감 신경 … 125
부력 … 185
분자 … 61, 66, 84~86, 91, 109, 120, 211
비타민 … 77, 80, 101

ㅅ

사족 보행 … 14, 15
산성 … 40, 82
산소 … 48, 49, 51, 56, 110, 111, 172, 174, 175, 206, 207
상형 문자 … 132
세포 … 52, 97, 98,

110, 117, 120, 121
세포 분열 … 52, 97
소장 … 101, 103, 104
소화 … 25, 100~103, 105
소화관 … 102
수분(식물) … 38, 42~44, 49
수정체 … 112, 113
수증기 … 66~69, 138, 142, 193
시신경 … 112~114
식도 … 102, 103
심방 … 111
심실 … 111
심장 … 63, 97, 110, 111, 136

ㅇ

알리신 … 70, 71
알칼리성 … 40
암술 … 43, 73
액체 … 83, 86, 94, 111, 117, 169
양력 … 189
양치식물 … 49
연체동물 … 36
염분 … 144, 145

염색체 … 97
엽록소 … 73
엽록체 … 51
영양 … 50, 51, 94, 100
영양소 … 73, 77, 78, 100, 101, 103, 110, 174
외이 … 116, 117
우주 공간 … 167, 173
우주 정거장 … 180, 181
원석 … 146, 147
위 … 101~105
위성 … 169, 176
유전 정보 … 47, 96~98
윤년 … 221
이산화 탄소 … 51, 68, 110, 111, 172, 174
이족 보행 … 15
인공위성 … 176~179, 182
인력 … 176

ㅈ
자가 수분 … 43
자기 부상 열차 … 204, 205
자율 신경 … 124, 125
자전 … 155, 157, 159, 162, 168, 220
적도 … 158
적란운 … 140
적운 … 141
적혈구 … 111, 174
전류 … 194, 195, 203
전압 … 192~194
전자 … 194
전자파 … 84, 201
정맥 … 110, 111
정전기 … 140
조건 반사 … 71
중력 … 172, 173, 180, 181, 185, 211
중이 … 116, 117
증발 … 66, 69, 106, 142, 145
지진 … 91, 150~153, 177

지질 … 76~80, 83
지축 … 155, 157
진도 … 152
진원지 … 151, 152
진화 … 13, 32, 33, 126, 127, 162
질소 … 172

ㅊ
층운 … 141
층적운 … 140

ㅋ
칼슘 … 77, 134
케플러 망원경 … 164
퀘르세틴 … 74
클라드니 도형 … 216

ㅌ
타가 수분 … 43
탄닌 … 57
탄성 … 210
탄수화물 … 77, 78
태양계 … 167~169
털뿌리 … 135

털줄기 … 135

ㅍ
파동 … 22, 214
폐 … 134, 174, 175
폴리페놀 … 56, 57

ㅎ
항문 … 102, 103, 105
해시계 … 220
핵 … 97
행성 … 167~169, 172, 176, 181
혈관 … 108, 110, 111, 122
혈소판 … 111
혈액 … 110, 111
혈장 … 111
호흡 … 36, 56, 107, 126, 175
화학 반응 … 206, 207
흡수 … 49, 101, 103, 105, 174, 175, 207

도움받은 사진

30쪽 얼룩말 사진 아사동물공원 / 58쪽 Chi-(PIXTA) / 68쪽 쓰키(PIXTA) / 76쪽 진정한 쿠마냥(PIXTA) / 94쪽 monochrome(PIXTA) / 94쪽 G·G(PIXTA)

옮긴이 김소영

역자는 다양한 일본 서적을 우리나라 독자에게 전하는 일에 보람을 느끼며 더 많은 책을 소개하고자 힘쓰고 있습니다. 현재 엔터스코리아에서 일본어 번역가로 활동 중입니다. 옮긴 책으로는 《슬기로운 수학생활》, 《전략가, 잡초》, 《잘됐던 방법부터 버려라》, 《나는 왜 나를 가만히 놔두지 못할까》, 《전부, 버리면》 등이 있습니다.

KAGAKU NO FUSHIGI 100

Copyright ⓒYasufumi Kawamura, Naomi Kobayashi 2023
Originally published in Japan by Sekaibunka Books Inc.
Korean translation copyright ⓒ 2024 by BONUS Publishing Co.
Korean translation rights arranged with Sekaibunka Holdings Inc.
through Japan UNI Agency, Inc., Tokyo and BC Agency, Seoul

이 책의 한국어판 저작권은 BC에이전시를 통한 저작권자와의 독점 계약으로 보누스출판사에 있습니다.
저작권법에 의하여 보호를 받는 저작물이므로 무단전재와 무단복제를 금합니다.

다 알려줄게! 재미있는 어린이 과학 백과 100

1판 1쇄 펴낸 날 2024년 6월 20일
1판 2쇄 펴낸 날 2025년 1월 20일

지은이 가와무라 야스후미, 고바야시 나오미
옮긴이 김소영

펴낸이 박윤태
펴낸곳 보누스
등록 2001년 8월 17일 제313-2002-179호
주소 서울시 마포구 동교로12안길 31 보누스 4층
전화 02-333-3114　**팩스** 02-3143-3254　**이메일** viking@bonusbook.co.kr
블로그 http://blog.naver.com/vikingbook　**인스타그램** @viking_kidbooks

ISBN 978-89-6494-697-8 73400

바이킹은 보누스출판사의 어린이책 브랜드입니다.

• 책값은 뒤표지에 있습니다.